*Finnguil Williams*

*The Best Strategies for
Writing a Compelling Statement of Purpose
for International Students*

# 미국 대학원 합격 전략과 SOP 샘플집
The Best Strategies for Writing a Compelling Statement of Purpose for International Students

저　　자 Finnguil Williams Admissions Consulting & Research Institute
발　행　인 정서연
편　　집 김병찬
발　행　처 책과 거울
1판 1쇄 인쇄 2017년 9월 1일
1판 1쇄 발행 2017년 9월 7일
개정판 1쇄 인쇄 2020년 10월 5일
개정판 1쇄 발행 2020년 10월 8일
주　　소 서울시 강남구 선릉로 524
출판·강연·인터뷰 등 문의 aeneas753@naver.com
등　　록 2016년 8월 25일 제2016-000176호

· 책 주문을 위한 신규 계약은 aeneas753@naver.com 로 먼저 연락해 주시기 바랍니다.

# 미국 대학원 합격 전략과 SOP 샘플집

### 미국 최고의 명문대 대학원생이 되기 위한 SOP와 원서작성 전략집

Finnguil Williams Admissions Consulting
& Research Institute 지음

책과 거울
Book & Mirror

- » 개정판 서문 · 9
- » 2017년 초판 서문 · 11
- » 컨설팅 신청 안내 · 14

## Chapter 1.

Research Experience와 Work Experience가 함께 특별함을 만들다.

- » 1. 이 지원자를 통해 무엇을 배울 수 있을까? · 18
- » 2. 미국 대학원 합격을 위해 살펴볼 지원자의 강점과 약점들 · 22
- » 3. Submitted SOP · 27
- » 4. SOP 분석 · 33

미국 대학원 지원 이야기

- » 나는 미국 대학원에서 재정지원을 받을 수 있을까? · 36

## Chapter 2.

사회적 정의에 대한 소망과 학문적 열정을 결합시키다.

» 1. 이 지원자를 통해 무엇을 배울 수 있을까? · 44
» 2. 미국 대학원 합격을 위해 살펴볼 지원자의 강점과 약점들 · 50
» 3. Submitted SOP · 55
» 4. SOP 분석 · 64

미국 대학원 지원 이야기

» 미국 대학원은 어떤 과정을 거쳐 학생을 선발할까? · 70

## Chapter 3.

논문쓸 준비가 되어있는 지원자임을 보여주다.

» 1. 이 지원자를 통해 무엇을 배울 수 있을까? · 78
» 2. 미국 대학원 합격을 위해 살펴볼 지원자의 강점과 약점들 · 82
» 3. Submitted SOP · 85
» 4. SOP 분석 · 91

미국 대학원 지원 이야기

» 어떤 학교에 지원하면 좋을까요? · 96

## Chapter 4.

프로페셔널한 경력과 창의적 일화의 조화로 어드미션 커미티를 설득하다.

» 1. 이 지원자를 통해 무엇을 배울 수 있을까? · 104
» 2. 미국 대학원 합격을 위해 살펴볼 지원자의 강점과 약점들 · 108
» 3. Submitted SOP · 111
» 4. SOP 분석 · 117

미국 대학원 지원 이야기

» 어떻게 하면 좋은 추천서를 받을 수 있을까? · 123

## Chapter 5.

SOP의 본질에 충실하게 접근하여 합격을 가져오다.

» 1. 이 지원자를 통해 무엇을 배울 수 있을까? · 134
» 2. 미국 대학원 합격을 위해 살펴볼 지원자의 강점과 약점들 · 138
» 3. Submitted SOP · 141
» 4. SOP 분석 · 147

미국 대학원 지원 이야기

» 미국 대학원에서의 연구 분야는 어떻게 결정해야 할까? · 152

## Chapter 6.

학자로서의 전문성이 합격의 길을 안내하다.

- » 1. 이 지원자를 통해 무엇을 배울 수 있을까? · 162
- » 2. 미국 대학원 합격을 위해 살펴볼 지원자의 강점과 약점들 · 167
- » 3. Submitted SOP · 170
- » 4. SOP 분석 · 178

미국 대학원 지원 이야기

- » 인터뷰를 준비하는 지원자들을 위해 · 186


## Chapter 7.

학문적 접근법의 가장 훌륭한 예

- » 1. 이 지원자를 통해 무엇을 배울 수 있을까? · 196
- » 2. 미국 대학원 합격을 위해 살펴볼 지원자의 강점과 약점들 · 199
- » 3. Submitted SOP · 202
- » 4. SOP 분석 · 208

미국 대학원 지원 이야기

- » 라이팅 샘플 (혹은 포트폴리오)과 미국 대학원 합격 · 216

# Appendices

I. 우수한 레주메 작성법 · 225
   *How to Write A Persuasive Résumé*

II. 성공적인 라이팅 샘플 · 233
   *Writing A High-Quality Writing Sample*

   » Sample 1. · 235
   » Sample 2. · 266

III. 자신을 부각시킬 수 있는 포트폴리오 · 309
   *Portfolios That Make A Difference*

IV. 교수 컨택 메일에 대한 모든 것 · 351
   *Everything You Should Know about Sending An Email to A Faculty Member*

## 2020년 개정판 서문

이 책과 『GRE 버벌 고득점 공략집』 등 대학원생을 위한 책을 펴낸 지 불과 몇 년이 안 되어 인쇄했던 책이 모두 판매되기 직전이라는 급한 연락을 받았다. 여러 작업으로 한창 바쁜 시기를 보내고 있던 지난 초여름이었다. 예상보다 빠른 개정판 집필의 시기에 당황했던 기억이 난다. 실제로 미국 대학원 지원자들을 위한 책은 2021년 중반 정도에 개정판을 낼 예정이었다. 생각보다 이른 집필에 동시에 두 권을 작업할 생각을 하니 상당한 부담감을 느꼈던 것이 사실이다.

2017년에 『미국 대학원 합격전략과 SOP 샘플집』을 펴낸 이후에 너무나 많은 지원자들이 컨설팅 문의를 해주어 바쁜 시간을 보냈다. 대부분의 지원자들에 한국인 지원자들을 위한 SOP 참고 서적이 전무했던 현실에 너무나 소중한 책이 되었다는 고마운 말을 전해주었다. 그랬기에 개정판의 집필작업을 미룰 수도 있었지만 그렇게 하게 되면 2020년 가을에 지원을 준비하는 지원자들은 지침서가 없이 미국 대학원을 준비해야 했기 때문에 부족한 시간이지만 최선을 다해 바삐 개정판을 내게 되었다는 말씀을 드린다.

『미국 대학원 합격전략과 SOP 샘플집』 초판은 '특별 보급판'이라는 단서를 달고 출간되었다. 특별 보급판이라는 것은 이 책을 구입했던 독자들이라면 눈치를 챘겠지만, 아주 낮은 가격에 독자들을 위한 배려의 의미로 출간되었다는 의미이다. 시중의 대형서점들이 너무 낮은 가격에 출판사 걱정을 하는 웃지 못 할 일이 있었음에도 보다 많은 독자들에게 다가가기 위해 고집을 부렸던 것이다. 이번 개정판은 그보다는 보다 현실적으로 가격을 책정하였지만, 여전히 책을 다시 찍을 수 있는 비용을 회수하기조차 어려운 비용이라는 지적이 있었다. 그래도 많은 독자들에게 도움을 드리고자 하는 마음에 한 번 더 고집을 부려본다.

이 책의 소중한 가치는 이미 미국 명문대 대학원에 합격한 많은 독자들에 의해 증명되었다. 이 책을 읽고, 우리에게 찾아와 컨설팅을 받고, 또 명문대에 합격한 후 후배들에게 이 책을 물려주었던 많은 지원자들이 있었기에 이 책에 대한 확신은 확고하다 하겠다. 앞으로도 이 책이 보다 많은 한국인 지원자들에게 합격을 위한 지침이 되기를 바라며, 모든 지원자들에게 행운이 깃들길 기원한다.

2020년 9월 10일
가을을 맞이하는 길목에서
핀길 윌리엄스 미국유학 컨설팅

[ 2017년 초판 서문 ]

## 이 책을 읽을 미국 대학원 지원자들을 위해

『한 권으로 끝내는 미국 유학(2014)』이 미국 유학을 준비하는 학생들의 필독서가 된 이후 많은 분들이 고마운 마음을 전해주셨다. 이 책으로 미국 유학 준비에 큰 도움을 받았다는 내용이 주를 이루었고, 이 책의 정보를 주위 사람과 나누면서 큰 위안이 되었다는 말씀도 있었다. 이 전에 『미국 명문대 합격공식(2013)』이 있었고, 이후에는 『누구나 할 수 있는 SAT 고득점(2015)』을 펴내는 바쁜 집필과정을 이어갔다. 2017년에는 이 중 두 권의 책이 개정판이 나오게 되어 더할 나위 없이 기쁜 마음이었으나 대학원 준비자들을 위한 책을 한 권 정도 더 내야겠다는 생각을 실천으로 옮기지 못해 이 점이 마음 한 구석에 짐으로 남아있었다. 이제나마 『미국 대학원 합격 전략과 SOP 샘플집』을 내게 되어 그 짐을 덜 수 있게 된 것 같다.

한국에서 미국 대학원을 가려는 학생들은 지금까지도 정보부족으로 고민하고 힘들어하고 있다. 우리가 지도했던 지원자들 역시 마찬가지 막막한 마음으로 *Finnguil Williams* 미국대학 어드미션 컨설팅의 문을 두드린 분들이었다. 최선을 다해 이 분들을 미국 최고 대학원 프로그램에 합격시켰지만, 동시에 매번 같은 내용을 처음부터 하나하나 말로 설명하며 지도해야 하는 데서 오는 번거로움과 고단함이 있었던 것도 사실이다. 이에 이런 내용들을 책으로 엮어야 겠다는 결심을 했었고, 근 2년간의 준비 끝에 내어놓은 열매가 바로 이 책이다.

미국 대학원을 준비하는 한국인 학생들은 대부분 선배 합격자에게 조언을 구한다. 가장 가까운 곳에서 정보를 줄 수 있는 사람들일 뿐만 아니라, 자신이 겪었던 시행착오를 구두로 전해줄 수 있는 이들이기에 이들의 말은 미국 대학원을 준비하는 지원자들에게 절대적인 영향력을 행사한다. 문제는 이런 '개인적 경험담'이 구두로 전해지는 것이든 책이나 인터넷의 글과 같이 문자로 전해지는 것이든 어디까지나 하나의 케이스에 불과하다는 데에 있다. 즉, 특정 케이스 하나만을 신뢰해서 미국 대학원 진학을 밀어붙이기에는 심리적 불안감도 크고, 실질적 리스크 역시 적지 않다는 것이다. 개인의 특수한 경험은 오류의 가능성을 크게 내포하고 있기 때문이다.

이에 이 책은 여러 미국 대학원 합격자들의 합격자료를 편집하여 일목요연하게 독자들에게 전달하고자 하였다. 여기에 실린 SOP 샘플들은 다양한 상황에 놓인 지원자들에게 보다 넓고 높은 관점에서 자신의 상황을 진단하고, 미국 대학원 원서작성을 준비할 수 있도록 도와줄 것이다. 이 SOP들은 최고 수준의 영어로 구사된 좋은 샘플이기에 여러번 읽고 자신의 방식으로 소화하길 당부한다. 또한 부록appendix에 실린 레주메 작성법, 라이팅 샘플, 포트폴리오 샘플, 교수컨택메일 샘플들은 인터넷은 물론 그 어떤 곳에서도 구할 수 없는 소중한 자료들이다. 따라서 이 책은 미국 대학원 준비에 있어 전무후무하게 완벽한 안내서라고 할 수 있다. 집필진 역시 이 책을 뛰어넘는 관련서를 다시 쓰라고 해도 그렇게 할 자신이 없을 정도로 이 책은 오랜기간 동안 공을 들여 세상에 나온 책이라는 점을 다시 한 번 밝혀둔다.

혹여, 이 책의 자료로 미국 대학원 원서작성을 준비하면서 학교선택, 커리어 문제, 합격에 필요한 성적에 대한 정보, 미국 유학 전반에 대한 궁금증이 더 생긴다면 『한 권으로 끝내는 미국유학(2017~2018 개정판)』을 참조해주길 부탁드린다. 이 두 권의 책만 있다면 현존하는 모든 자료를 모두 살펴본 것 이상으로 완벽한 준비를 해서 미국 대학원에 지원할 수 있을 것이라고 자신한다. 미국 대학원에서 자신의 꿈을 이어나가려는 모든 지원자들에게 행운이 가득하길 빈다.

2017년 7월 31일
*Finnguil Williams Admissions Consulting*
*& Research Institute*

# *Finnguil Williams*
## 미국 대학 어드미션 컨설팅 신청 안내

   *Finnguil Williams*는 미국 대학원에 진학하고자 하는 한국인 지원자들을 대상으로 원서와 SOP, 포트폴리오, 라이팅 샘플, 레주메 작성을 위한 합격 컨설팅을 제공하고 있습니다. GRE, GMAT, LSAT 및 TOEFL 점수, 그리고 학교 성적과 별개로 미국 대학원 원서작성은 합격을 결정하는 중요한 변수로 작용하고 있습니다.

   *Finnguil Williams*의 어드미션 컨설팅은 최고 수준의 우수한 SOP, 포트폴리오, 라이팅 샘플, 레주메 등을 통해 지원자의 합격 학교의 수준 자체를 바꾸는 것을 목표로 하고 있습니다. 다만, 높은 퀄리티를 제공해야 하는 컨설팅 서비스의 특성상 매년 소수의 지원자들에게만 그 혜택이 돌아가고 있습니다.

## 컨설팅 신청 과정

» 1단계

*Finnguil Williams*의 공식 이메일(finnwilly@naver.com)을 통해 컨설팅 상담을 신청합니다. 가능하면 자세하게 지원자의 상황(GPA〈학교성적〉, GRE, GMAT, LSAT 및 TOEFL 점수, 지원 희망 학교, SOP 작성 여부와 상황, 연구실적) 등을 설명해주세요.

» 2단계

*Finnguil Williams*가 이메일을 통해 답변을 드리고, 전화상으로 지원자와 상담 스케줄을 조정합니다.

» 3단계

*Finnguil Williams* 오피스를 방문하셔서 미국 대학원 지원에 대한 상담과정을 거친 후 컨설팅 계약 여부를 결정하게 됩니다.

» 4단계

*Finnguil Williams*와 미국 대학 어드미션 컨설팅 계약 후 원서 작성이 완료되고, 최종 합격 대학원이 발표될 때까지 컨설팅이 진행됩니다.

*Finnguil Williams*

Research Experience와
Work Expreience가 함께 특별함을 만들다

# 1. 이 지원자를 통해 무엇을 배울 수 있을까?

이 장에서 소개할 지원자는 그야말로 미국 대학원 지원의 '정석'이 무엇인지를 보여주고 있다고 할 수 있다. 좋은 미국 대학원은 전공을 막론하고 훌륭한 리서치 결과물을 보여주는 지원자를 선호한다. 공학이나 자연과학의 경우에는 랩에서 연구한 결과물이 이에 해당할 것이고 인문사회 지원자의 경우에는 관련분야의 논문이나 연구집이 필요할 것이다. 중요한 것은 랩에서의 연구이든 논문이든 그것이 지원과정에서 지원자의 결과물로 충실히 드러나야 한다는 것이다. 랩에서 몇 년을 연구했다고 해도 관련 논문 하나 쓰지 못했거나, 다른 선배 연구자의 assistant 역할만 한 것이라면 레주메에 한 줄 적을 수 있을지언정 합격에 큰 도움은 되지 못한다. 아래 사례들을 한 번 살펴보자.

- 학회 조교로 학회의 연구 성과를 정리하고 심포지엄을 주최하는 역할
- 지도교수의 연구조교로 교수의 리서치를 보조하는 역할
- 연구소의 연구원으로 자료를 찾거나 정리하는 역할
- 도서관에서 근무한 경력 (도서관학 지원의 경우에는 중요한 경

력임)
- 전공과 전혀 관련이 없는 논문을 쓴 경험
- 수업시간에 전공분야 레포트를 작성한 경험
- 수업 조교로 학부생들을 지도한 경험

　이것들은 한국 지원자들 중 상당수가 연구경력이라고 생각하며 미국 대학원 합격에 도움이 되지 않을까하고 물어오는 것들인데 실상 모두 크게 합격에 도움이 되는 것들은 아니다. 실제 합격에 큰 도움이 되지는 않을 것이라고 말해주면 크게 실망을 하는 경우가 많다. 안타깝지만 사실이다. 전공을 떠나 사람의 눈으로 직접 볼 수 없는 결과는 합격에 작은 도움을 줄 수는 있을지언정 결정적인 영향력을 행사하기는 어렵기 때문이다. 그렇다면 눈으로 직접 볼 수 있는 리서치 결과물들은 무엇을 말하는가.

　다음의 사항들이 핵심적인 체크 리스트가 되어줄 것이다.

- 저널에 실린 논문이 있는가.
- 학위 논문이 있는가.
- 지원하려는 분야에 관련된 연구실적인가.
- 해당 연구실적이 학술적인 혹은 경제적인 가치가 있는가.
- 해당 연구의 파급력이 어느 정도인가.
- 해당 연구가 지원자 본인의 능력을 어느 정도까지 보여줄 수 있

는가.

미국 대학원은 또한 research experience 이상으로 work experience도 중요하게 여긴다. 물론 work experience가 없어도 좋은 학교에 합격할 수 있고, 경우에 따라서는 work experience가 전혀 필요 없는 전공이 있기도 하다. 하지만 지원전공과 관련이 있는 work experience가 있다고 한다면 합격에 이보다 더 큰 힘이 될 수 없을 것이다. 다만 work experience라고 해서 단순히 관련 분야의 연구소나 회사에 몇 년 근무한 것이 전부라고 생각해서는 곤란하다. research experience와 마찬가지로 확실한 성과물이 있어야 하는데 아래의 체크리스트들을 살펴보는 것이 도움이 될 것이다.

- 근무한 랩이나 회사에서 직접 제작에 참여한 성과물이 있는가.
- 지원자의 연구 성과가 있다면 거기에 얼마나 큰 경제적 가치를 부여할 수 있는가.
- 특허를 받거나 상용화되어 제품으로 출시된 연구결과가 있는가.
- 지원자의 근무성과가 회사의 프로젝트나 관계부처의 운영에 실질적인 영향을 주었는가.
- 지원자의 근무성과를 대학원의 어드미션 커미티에게 PDF 파일 등으로 보여줄 수 있는가.
- 위와 같은 요소들을 갖춘 근무 성과를 얼마나 많이 보유하고 있는가.

이런 질문들에 긍정적인 답변을 내릴 수 있다면 미국 대학원에 지원할 준비가 상당한 수준으로 되어있다고 보아도 좋다. <u>반대로 위의 질문들에 긍정적인 답변을 줄 수 없다면 GRE나 토플 등의 시험점수가 아무리 높아도 좋은 프로그램에 합격하기 쉽지 않을 것이라고 예상할 수 있다.</u> 그 이유는 명확하다. 대학원은 시험점수가 높다고 해서 무조건 합격시켜주는 곳이 아니기 때문이다.

첫 번째 챕터에 소개할 지원자는 바로 이런 research experience와 work experience를 고루 갖추고 있는 지원자이다. 지원자는 로봇공학$^{robotics}$ 전공자로 한국에서 석사까지 마치며 연구경력을 반영한 논문을 보유하고 있었다. 또한 산업체에서 3년 동안 일한 경험은 관련 분야의 여러 프로젝트를 통해 업체의 생산라인에 실질적으로 반영되었다. 우리가 생각하는 이상적인 미국 대학원 지원 실적은 바로 이런 것이다. research와 work가 50:50으로 균형 있게 반영되어 있는 이런 지원자의 케이스는 앞으로 좋은 미국 대학원에 지원하려고 하는 다른 한국인 지원자들에게 훌륭한 샘플이 되어줄 것이다.

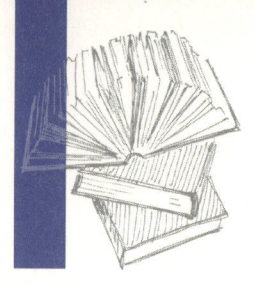

## 2. 미국 대학원 합격을 위해 살펴 볼 지원자의 강점과 약점들

### ➕ 지원자의 강점들

▶ 우수한 대학원 GPA

 : 4.15 / 4.3 이라는 GPA는 충분히 좋은 GPA이다. 물론 한국 대학원들의 GPA 퍼주기 현상을 모르는 바는 아니나 그것을 감안하더라도 충분히 좋다는 평가를 내릴만 하다. 게다가 이 지원자는 한국에서 가장 우수하다는 학교 중 한 곳에서 학부와 석사를 마쳤다. 모든 미국 교수들이 한국 학교들에 대해 잘 알고 있다고는 말할 수 없으나 가장 우수한 학교 몇 곳 정도는 알고 있는 경우가 많다는 점도 언급할만한 가치가 있다. 또한 한국 대학교에 대한 지식이 부족한 교수들의 경우에도 정보망이 발달한 최근에는 간단한 서치를 통해 지원자가 졸업한 학교가 한국에서 좋은 학교에 속하는지를 어렵지 않게 알아볼 수 있다는 점도 고려해야 한다. 따라서 이 지원자의 경우, 높은 대학원 GPA가 충분한 강점이라 할 만하다.

▶ 탄탄한 리서치 경험

: 이 지원자는 자신이 지원하려는 로봇 공학 분야에 확실한 족적을 남기고 미국대학원 박사과정에 진학한 케이스이다. 학부-석사-박사까지 그야말로 한 우물만 판 경우이다. 흔히 한국인들은 미국 대학이 다양한 분야를 경험한 사람을 좋아해서, 학부전공과 아무런 상관이 없는 분야에 지원해도 큰 문제가 없을 것으로 여기는 경향이 있다. 이것은 사실이 아니다. 미국이든 한국이든 대학원은 전문가를 양성하는 곳으로 관련분야를 미리 경험해본 지원자를 선호하는 것은 크게 다르지 않다. 이 지원자의 경우 학부에서 관련 리서치 경험이 많았던 것은 아니었지만, 학부과정에서 들은 수업들 대부분이 석사과정과 긴밀하게 연결되어 있었다. 그리고 석사 과정에서 연구한 robotics 분야와 거의 동일한 분야를 연구하는 교수들 위주로 미국 대학원 지원리스트를 짜고 박사과정 연구분야를 설정하였다. 따라서 이 모든 것이 지원자의 강점으로 여겨질 만하다.

▶ 관련 업계에서 종사한 실무 경험과 실적

: 지원자는 robotics 분야에서 센서관련 연구를 진행한 경험이 있었고, 이를 생산라인에 활용하는 업체에서 3년 이상 근무했다. 게다가 이 과정에서 여러 프로젝트에 참여해 가시적인 성과물을 남기기도 하였다. 공식적으로 미국 대학원에 보여줄 수 있는 성과들이었기에 지원과정에서 확실한 강점으로 작용한 것들이었다.

▶ 석사 연구 결과를 정확하게 반영한 포트폴리오

: 포트폴리오는 주로 석사 논문의 주제를 명확하게 전달하는 데 초점을 맞추었다. 회사에서 참여한 프로젝트들도 충분히 가치가 있는 것들이었지만 박사과정의 연구주제와 100% 일치하는 것은 아니었기에 포트폴리오에서 제외하였다. 대신 지원자가 석사논문에서 다룬 주제를 박사과정을 통해 발전시키려 한다는 사실에 초점을 맞추기로 했다.

이를 지켜보는 다른 지원자들 입장에서는 이런 의문이 들 수 있다. 이것저것 고민할 필요 없이 포트폴리오를 여러 편 제출하면 되지 않을까? 지금까지 한 일들이 아까운데 직장에서의 성과와 석사과정의 성과를 모두 다 포트폴리오로 만들어 제출하면 간단히 해결될 문제가 아닐까? 그게 그렇지가 않다. <u>대학원 어드미션 커미티가 불과 몇 분이라는 시간동안 지원자를 합격시킬지를 결정해야 한다는 점을 기억하자.</u> 따라서 너무 많은 자료를 제출하면 각각의 자료를 대충 읽어버릴 우려가 크다. 따라서 자신이 강점으로 내세우고자 하는 포트폴리오 주제를 확실하게 정해 적당한 분량으로 줄여 제출하는 것이 좋다.

## ➊ 지원자의 약점들

▶ 낮은 학부 GPA

: 3.33 /4.3 이라는 GPA는 학점을 잘 주지 않는 지원자 학교의 특성을 감안하더라도 아쉬움이 남는 성적이 아닐 수 없다. 물론 engineering 전공들이 학점 받기 어렵다는 점을 모르는 것은 아니지만, 3.5를 넘는 GPA였다면 어땠을까 하는 아쉬움이 지원과정 내내 들었던 것이 사실이다. 이것은 미국 학부에서 engineering을 전공하고 미국 대학원에 지원하는 경쟁자들과 비교해도 다소 낮은 GPA이다. MIT는 물론 카네기 멜론, 조지아텍과 같은 학교의 학부에서 좋은 성적을 받은 다른 지원자들과 싸워야 하는 지원자의 입장을 고려한다면 학부 GPA는 이 지원자의 확실한 약점이었다.

▶ 높지 않은 토플과 GRE 점수

: GRE 버벌의 경우 150점을 간신히 넘긴 점수였다. 공학지원자 기준으로는 큰 문제가 있는 점수라고는 할 수 없었지만, 그래도 160점 이상의 점수가 있었다면 좀 더 어필 할 수 있었다는 점에서 아쉬움이 남았다. 낮은 학부 GPA 때문에라도 영어시험 성적이 좀 더 높았다면 어땠을까 하는 생각이 계속 들 수밖에 없었다. 퀀트의 경우에는 160점대 중반을 확보해서 지원에 큰 문제가 없었다.

토플 역시 100점을 간신히 넘긴 경우였는데, 한국에서 공학

전공을 한 지원자가 토플 100점을 받는 것이 쉽지 않았다는 것을 감안하면 '똑똑한 지원자'라 할만 했다. 그것도 직장생활하면서 받은 점수였으니 말이다. 다만 냉정하게 말해 토플 100점은 좋은 미국 대학원 합격과 재정지원을 받기 위한 최소한의 조건 이상은 아니었기 때문에 좀 더 높은 점수를 받지 못한 것은 약점으로 보아야 한다.

*Carnegie Mellon University*

# 3. Submitted SOP

Statement of Purpose

*An engineer's breadth of experience determines his or her width and height in creativity, thus of good engineering.*

This daring phrase of my own creation would be engraved on the door of my research lab. In my career path, I have come to believe that electrical engineering is a field that is a complicated combination of impulsive intuition in the lab and real-world practice in the industry. As a first-time master's student at ********** University, my short-term goals revolved around developing a better idea of my field and researching its employment in everyday life.

I first dedicated myself to studying scan matching.

Interested in improving sensory functions mounted on mobile robots, I decided to address the applications of laser range finders (LRFs) in 2-dimensional dynamic environments as part of my master's thesis. Although I have identified that Polar Scan Matching (PSM) presents itself as a novel method with its faster algorithm and lesser computational load, I found that it sometimes tended to inappropriately restore the given data if multiple obstacles were present in the operating environment of the mobile robot; a tangible shortcoming for accurate real-time positioning and mapping. Instead, I proposed a new approach called the Scan Restoration Method (SRM), which perceives dynamic obstacles, or occlusions, in the scanned data as noise sources scattering original ones. By segmenting scanned data, not only by computing the Euclidean distance between two scan points the PSM locates, but by taking nearby immobile structures and the noise the LRF produces into consideration, my research robustly restored the majority of the scanned data indicating dynamic obstacles to the static features.

I began a small personal project to test the applicability of the feature I designed to other devices and it eventually led me to the realm of smartphone technology months later. This allowed me to probe the potential marketability of my research. After the daily experiments I conducted for my master's thesis, I also spent late nights independently studying Objective-C and Xcode's LLVM compiler that would eventually help generate smartphone-based remote robot control system for my robot. For this personal project to materialize as predicted, I used a Pioneer 3-DX at the lab, built an iPhone application, and succeeded in testing control of the robot by using the WiFi and Bluetooth capabilities on my phone. I went on to mount a computer vision camera on the robot and build an algorithm that transmits the visual data to the phone and processes it so as to enable the phone user to recognize the surrounding features. This was a huge stepping stone to user-friendly gadgets I envisioned.

*A new research must yield practical returns that are profitable for its users and consumers.*

For the last three years, I used to call this lesson the 101st thing I learned to be a successful entrepreneurial engineer. This is the reason why I have been working for ******** Inc., a developer of soft sensors for monitoring industrial processes, since graduation. As a budding engineer, I framed this chance as a lifetime opportunity to learn and observe how theoretical innovation in the lab can turn into real-time application in the industry. I learned a lot from the major projects I led and participated in. However, I eventually came to realize that, aside from keeping a hawk's-eye on what I was currently doing, I needed to have a bird's eye view that would later equip me with indispensable knowledge and expertise on electrical engineering to start my own research-based business venture. Thus, obtaining a PhD became the next destination on my journey.

The reason I choose Stanford is in large part due

to all the research that I encountered; a torrent of articles, thesis, and video clips in robotics released by Stanford. I felt inspired to further my own thesis and corporate projects. Stanford is a definite first choice due to its prominent researchers, research facilities, and graduate students in the field of electrical engineering. Furthermore, its academic reputation that exudes from countless citations of the research results I used in my projects enticed me to apply to the program.

The reputable faculty members in the department of electrical engineering have received my keen attention. I am most interested in 'Simultaneous localization and mapping (SLAM)', one of the major research areas led by Professor John. J. Raymond. The research project I had conducted for my master's thesis illustrates how to contrive a scan matching algorithm with laser range finders, a topic that exposed me to research on SLAM for robots. In addition, my work experience had me conduct research on a number of sensors such as ultrasound sensors, the MEMS gyroscope, and GPS with which I began considering further use of them in relation to SLAM. Searching for potentially relevant research results, I was deeply influenced by Professor Leonard's research. Based on Professor Leonard's research on SLAM, I wish to further my research projects on Robotics.

As stated, my previous academic journey underpins plans and aspirations I have for advancing in the field of robotics. Equipped with better insight and necessary skills, I will contribute to ensuring optimal electrical technology for those who need it. In the hope of establishing my own business models of research-based ventures as an ultimate destination, I will embark on the next journey from the research grounds Stanford offers.

# 4. SOP 분석

『Attention Getter의 활용』

> *An engineer's breadth of experience determines his or her width and height in creativity, thus of good engineering.*
>
> *A new research must yield practical returns that are profitable for its users and consumers.*

: 자신의 퍼스널 모토를 가져와 활용하였다. 많은 지원자들이 SOP 작성시에 어떻게 글을 시작해야 할지 고민을 하는 경우가 많은데, 이와 같은 attention getter를 사용하는 것은 글을 읽는 사람으로 하여금 지원자의 학문 철학이 어떤 것인지를 쉽게 알 수 있게 해줌으로써 글의 전달력을 극대화시킨다. 또한 attention getter를 한 번이 아니라 두 번 사용함으로써 긴 SOP를 읽어 내려가는 어드미션 커미티가 한 번 쉬어갈 수 있는 공간을 만들어 주고 있다. 이 또한 좋은 SOP 작성 기술이라고 할 수 있다.

『석사논문의 문제의식 언급』

: 석사논문을 직접 미국대학원에 제출하는 경우에도 지원자를 최종 단계에서 직접 선발하는 지도교수라면 모를까 <u>어드미션 커미티는 논문을 읽을 시간도 읽을 의향도 없다.</u> 단지 SOP를 유심히 살펴보고 여기에 추가적으로 포트폴리오가 있다면 그것에 나름의 비중을 두어 심사를 진행할 뿐이다. 따라서 SOP에 석사논문의 주제와 문제의식을 언급하고 이를 명료하게 전달하는 것은 합격을 위한 좋은 전략 중 하나라고 할 수 있다.

『자신의 연구가 지닌 경제적 가치에 대한 언급』

> This allowed me to probe the potential marketability of my research.

: 지원자는 석사논문의 주제가 충분한 시장성을 지닌 것이라는 것을 추가적인 리서치를 통해 증명함으로써 자신의 연구주제를 매력적으로 보이도록 포장했다. 이것은 여러 지원자들 사이에서 스스로의 값어치를 높여야 하는 미국 대학원 지원의 특성상 가능하다면 모든 지원자가 시도해보아야 할 방법이라 할 수 있다.

『연구와 실무 경험의 조화』

: 랩에서의 연구와 직장에서의 실무 경험이 별개의 것이 아니라 engineering의 실용성을 찾아가는 연결선상에 있다는 것을 강조함으로써 자기 커리어에 대한 확고한 철학이 있음을 보여주고 있다. 연구경험과 실무 경험이 풍부한 지원자들이 이 두 가지를 단순 나열함으로써 저지르기 쉬운 문제점을 깔끔하게 극복하면서 다른 지원자들보다 우수한 SOP를 제출할 수 있었다.

『지원하려는 학교의 지도교수와 자신의 연구과제가 지닌 공통점 강조』

: 모든 지원자에게 가능한 것은 아닐 수 있으나, 가능하다면 꼭 이런 공통점들을 언급하는 것이 좋다. 동시에 지도교수의 능력이 자신의 연구에 도움이 되는 것은 물론 자신의 연구가 지도교수에게도 도움이 된다는 것을 암시함으로써 자신을 좀 더 매력적인 지원자로 포장하는 기술도 필요하다는 것을 기억해두자.

# Chapter 1
## 🖋 미국 대학원 지원 이야기
― 나는 미국 대학원에서 재정지원을 받을 수 있을까?

"저는 재정지원을 꼭 받아야 해요. 안 그러면 미국유학 못가요."

"교수님 조교도 오래했고 학회일도 오래했는데
재정지원 나오지 않을까요?"

"GRE 점수를 얼마나 받아야 재정지원이 나오나요?"

　미국 대학원 지원자들은 재정지원에 굉장히 민감하다. 자기가 번 돈으로 유학을 가려는 지원자도 많고, 집안이 넉넉지 않아 애초에 재정지원을 노리고 지원하는 경우도 있기에 대학원 재정지원에 대한 문제가 대학원 상담의 주를 이루는 경우가 많다. 이렇게 중요한 문제이기는 하지만 누가 재정지원을 받을 수 있고, 누가 그렇지 못할 것인지를 예측하는 것은 굉장히 어려운 일이다. 단순히 지원자가 뛰어나다고 해서 무조건 재정지원이 나오는 것도 아니고, 연구실적만 좋다고 해서 재정지원을 해주는 것도 아니기 때문이다.
　일반적으로 미국 대학원은 연구조교[RA: Research Assistant]와 수업조교^(TA: Teaching Assistant)에게 재정지원을 해주는데 공학전공의 경우에는 RA의 비중이 아주 높은 편이다. 여타 전공의 경우에도 RA가 있는 경우가 있기는 하지만 공학전공과는 비교할 수 없을 정도로 그 수가 적다. 인문사회 전공의 경우에는 RA라는 것이 아예 존재하지 않는 경우도 적지 않다. RA는 학과에서 맡고 있는 역할이 분명하기 때문에 RA를 많이 운용할 수 있는 전공일수록 일단 재정지원을 받을 가능성이 높다고 보면 된다.

TA의 경우 영어성적이 우수하고 학점이 높은 지원자라면 수행능력이 충분하다고 판단할 근거가 될 것이다. 반면 RA의 경우에는 연구성과가 RA 자리를 줄지를 결정하는 가장 중요한 요소가 된다고 보면 된다. 중요한 점은 TA와 RA에게 돌아가는 재정지원 여부를 결정하는 주체가 다른 경우가 많다는 것이다.

TA 재정지원은 거의 Admissions Committee가 결정한다. TA가 담당하게 될 수업은 한 분야에 국한되지 않고 비교적 넓은 범위를 포함하는 것이 될 가능성이 높기 때문에 TA에게 기대되는 역량은 특정분야의 전문가로서의 능력이 아니라 여러 분야의 지식을 잘 전달할 수 있는 선생님의 그것이다. 따라서 지원자의 연구분야가 아니라 지원자가 학부생이었을 때 얼마나 우수한 학생이었는가를 중심으로 재정지원 여부를 판단하게 된다. 즉 GPA가 가장 중요하고, 한국인과 같은 외국인 지원자의 경우에는 GRE 점수도 무시 못 할 판단요소이다. 다른 지원자의 경우를 다루면서 좀 더 자세히 설명하겠지만, 사실 GRE 보다 TOEFL 점수가 훨씬 더 중요하다.

RA는 TA와는 달리 개별 지도교수가 선정하는 경우가 많다. 미국도 한국과 마찬가지여서 능력있는 교수(특히 공대교수라면)는 얼마나 많은 프로젝트를 자신의 연구로 가져올 수 있는 능력이 있는가 여부로 평가받는다. 그래서 좋은 학교 교수들은 미국 연방정부, 주정부, 혹은 사기업들의 연구개발 프로젝트를 받아 제자들과 함께 연구한다. RA는 바로 이런 프로젝트가 있기에 가능한 것이다. 따라서 <u>RA에게 요구되는 능력은 연구수행능력</u>으로, RA가 되는 과정에는 GRE 버벌 점수와 같은 실용적이지 못한 영어점수가 그리 중요한 영향력을 행사하지 못한다. 또한 GPA나 TOEFL 점수와 같은 것들도 무시 못할 정도는 아니지만 TA를 선발할때 처럼 비중있게 보지는 않는다.


모든 지원자에게 일괄적으로 적용하기는 어렵겠지만 교수들은 RA선발에 있어 다음과 같은 사항들을 눈여겨보게 된다.

▶ 현재 진행 중인 자신의 연구와 같거나 유사한 연구를 진행해 본 경험이 있는가.

: 이 내용에 긍정적으로 답할 수 있어야 합격과 재정지원 확률이 크게 올라간다. 따라서 지원 대학을 서치하는 과정에서 이미 자신이 연구한 분야를 활용해줄 수 있는 교수가 있는지를

따져보아야 한다. 아무리 높은 GPA와 영어시험 성적이 있다고 하더라도 이 부분이 어긋나면 합격이 되지 않을 수도 있고, 합격이 되더라도 재정지원이 나오지 않을 수도 있다. 석사보다도 박사 지원의 경우 이 부분이 민감하게 당락과 재정지원에 영향을 준다.

▶ 현재 자신이 진행하고 있는 연구에 해당 지원자가 할 수 있는 역할이 있는가.

 : 사실 지원대학이나 교수의 웹페이지만을 보고 이를 알 수 있는 방법은 없다. 유일한 방법은 미리 해당 교수에게 메일을 보내보는 것이다. 문제는 처음 알아가는 과정에서 "돈 줄 수 있냐" 혹은 "내가 돈 받고 학교를 다닐 수 있는 방법이 있냐" 등등의 내용을 노골적으로 물어봐서는 곤란하다는 것이다. 교수에게 돈을 맡겨둔 것도 아니고, 아직 합격한 것도 아닌데 이런 질문을 하는 것은 예의에도 어긋나고 합격에 악영향을 줄 수도 있기 때문이다. 따라서 교수에게 메일을 쓰게 된다면 아주 섬세한 접근이 필요한데, 이에 대해서는 다른 지원자의 경우를 다루면서 좀 더 상세하게 이야기 하도록 하겠다.

▶ 지원자가 여러 가지 연구기술이 있어, 연구의 변화상황에 따라 보직변경이 가능한가.

 : 생각 이상으로 중요한 질문이다. 이런 경우가 있었다. 한

지원자가 거의 합격 단계에 이르러 지도교수가 될 사람의 승인만 기다리는 단계까지 갔는데, 이 지원자가 참여하면 딱 좋을 프로젝트가 막바지에 접어들고 있었다는 점이 교수를 망설이게 만들었다. 결국 교수는 지원자에게 메일을 보내 사정을 설명하고, 해당 분야 이외에 수행할 수 있는 연구기술이 어떤 것들이 있는지를 물어보았다. 합격한 후 처음 1년은 지원자가 자신 있는 분야를 연구하면 되지만, 그 이후에는 다른 분야에 투입되어야 한다는 것도 미리 알려주었다. 다행이 여기에 긍정적인 답변을 할 수 있었던 해당 지원자는 합격은 물론 재정지원까지 받을 수 있었다.

TA의 경우에는 앞서 밝힌 것처럼 학부 GPA가 높아야 한다. 학부 GPA가 낮은 지원자에게 TA 자리를 주는 것은 상당히 예외적인 경우이다. 당연할 수밖에 없다. 학부생들을 가르치는 자리인 TA인데 학부 때 공부를 못했던 지원자를 뽑을 리가 없다. 또 한 가지 중요한 사항이 있다. 한국인 지원자와 같은 유학생들에게 해당되는 사항인데, TOEFL 점수가 높아야 한다. 토플은 기초영어능력과 관련된 사항이기 때문에 전체 점수는 물론, 특히 speaking 섹션의 점수가 높아야 한다. 학생과 유창한 커뮤니케이션이 안 되는 지원자에게 TA 자리를 주는 것은 굉장히 부담스러운 일이기 때문이다.

미국 학부생들도 비싼 돈을 내고 학교를 다니는 것인데, 말이 어눌한 외국인 TA가 수업의 질을 떨어뜨린다고 생각해보라. 실제로 이런 일 때문에 미국대학 커뮤니티 사이트 게시판에는 영어를 잘 못하는 TA에 대한 욕이 심심치 않게 올라온다. 이 중 상당수는 인종차별적인 생각을 담고 있기도 하다. 하지만 어떤 내용들은 유학생들 입장에서도 받아들이고 고민해보아야 할 부분이 있다. 학부생들도 양질의 교육을 받을 권리가 있는데 TA가 이를 도와주지는 못할망정 자신에게 피해를 준다는 느낌을 준다면 세상 그 누구라도 비슷한 반응을 보일 것이기 때문이다.

이 장에서는 재정지원에 대한 궁금증을 상세하게 풀어보는 기회를 가져보았다. 재정지원에 대한 내용을 가장 먼저 이슈로 다룬 것은 그만큼 한국인 지원자들이 미국 대학원에 도전할 때 중요한 게 생각하는 문제이기 때문이다. 그 동안 정말 많은 지원자들이 이에 대한 질문을 해왔기에 가장 먼저 그에 대한 정보를 주려 첫 번째 장의 이야깃거리로 삼았다. 여기에 다룬 내용을 토대로 보다 많은 지원자들이 재정지원을 받고 홀가분한 마음으로 미국 대학원에서 학위를 받을 수 있기를 기원해본다. 다음 장에서는 미국 대학원의 학생 선발 과정에 대한 이야기를 다룰 것이다.

*Finnguil Williams*

사회적 정의에 대한 소망과
학문적 열정을 결합시키다.

# 1. 이 지원자를 통해 무엇을 배울 수 있을까?

: 이 장에 소개할 지원자는 보다 인간다운 사회를 만들고 싶다는 소망과 자신의 학문적 열정을 성공적으로 결합시킨 SOP를 작성한 케이스이다. 일견 너무나 당연하게 받아들일 수 있을 법한 사회적 정의와 학문적 열정이라는 소재는 실제로 미국 대학원에 지원할 때 상충되는 경우가 많아 쉽게 접근하기 어렵다. 이것은 미국 교육시스템이 지닌 양면성을 잘 이해하지 못하고 피상적으로 접근하기 쉬운 한국인 지원자들에게 특히 더욱 그러하다. 실제로 한국 학부를 막 졸업한 지원자들은 다음과 같은 내용을 중심으로 SOP를 작성하는 경우가 적지 않다.

- 낙도에서 봉사활동을 한 이야기
- 가난한 학생들을 가르친 경험 (야학, 과외, 교습소 등등)
- 제3세계 국가들에서 굶주리고 있는 아이들을 위해 구호활동을 한 경험
- 장애가 있는 분들을 돕기 위해 펀드를 조성한 이야기
- 학생회 활동 경험

다 좋은 이야기들이기는 하다. 하지만 이런 것들은 SOP를 쓰는 과정에서 쉽게 글을 쓸 수 있게 도와주는 소재들이기는 하지만, 그 특성상 결코 학문적인 내용을 담을 수 없다. 게다가 이런 내용들이 SOP의 30~40% 이상을 차지하는 글을 써서 미국 대학원에 제출한다면 절대로 좋은 프로그램에 합격할 수 없다. 미국 대학원은 어디까지나 학문적 전문가를 양성하기 위한 곳이지 사회봉사자를 키워내기 위한 기관이 아니기 때문이다.

따라서 SOP의 중심은 어디까지나 초지일관 학문적인 것이어야 한다. 다만 그 내용인 "나는 천재이다" "나는 똑똑하다" "나는 이런 공부를 잘한다"는 것으로 도배가 되어서는 안 된다. 그렇다면 대체 미국 대학원이 기대하는 SOP는 어떤 것이란 말일까. 그것은 바로 '박애주의자의 옷을 입은 학자'이다. SOP의 본질은 기본적으로 지원자가 공부를 잘하는 학생이며 준비된 연구자라는 것을 보여주는 것이어야 하지만, 그 외피는 지원자가 학문을 시작한 배경이 사회적 정의와 관계가 있음을 암시하는 것은 물론 지원자를 훌륭한 학자로 키워내는 것이 그런 사회적 정의의 문제 해결에 기여할 수 있음을 보여주어야 한다는 뜻이다.

그렇다면 어떻게 해야 이런 복합적인 주제를 효과적으로 전달하는 SOP를 쓸 수 있을까. 아래의 체크리스트에 긍정적으로 답변할 수 있다면 쓰려고 하는 SOP의 주제 전달 방식이 나쁘지 않다고 보아도 좋을 것이다.

▶ SOP에 제시한 지원자 본인의 사회정의에 대한 철학이 지원하려는 전공과 부합되는가.

: 생각 이상으로 전공과 부합되지 않는 경우가 많다. 예를 들어 finance를 전공하면서 분배정의에 대한 이야기를 하는 경우가 있다. 물론 경우에 따라 가능한 일이지만 굉장히 어려운 일이기도 하다. 여러 지원자들이 소재 선택을 하면서 이런 실수를 저지르는데 그 이유는 간단하다. 멋있어 보이는 SOP를 쓰고 싶어하기 때문이다. 사회적 정의에 대한 철학과 열정을 장황하게 펼쳐야 어드미션 커미티를 감동시킬 수 있다고 믿는 것이다. 틀린 이야기가 아닐 수는 있지만, 문맥에 맞지 않는 주장은 읽는 이의 조소를 살 뿐이다.

▶ 한 단락 이내로 감성적인 접근을 자제하고 있는가.

: 제발, 제발 간단하게 쓰라고 말하고 싶다. SOP는 기본적으로 지원자의 학문적 역량을 보여주는 글이고 사회적 정의에 대한 지원자의 비전은 그 철학적 배경으로서의 역할을 할 뿐이다. 한 페이지가 넘도록 윤리학에 나올 법한 글을 써서는 안된다.

▶ 간단한 일화나 문장으로 사회적 문제에 대한 자신의 관점을 직관적으로 전달하고 있는가.

: 간단하게 자신의 철학적 사고를 전달하는 방법은 일화나 모토 등을 이용하는 것이다. 그렇게 해야 한 단락 이내에 복합적인 사고를 직관적으로 전달할 수 있다. 만약 영어 능력의 한계 때문

에 글이 한정 없이 늘어지고 있다고 판단되면, 글을 쓰는 것을 중단하고 처음으로 돌아가야 글의 구조에 대해 다시 한 번 고민해 보아야 한다.

▶ 미국 대학원 어드미션 커미티가 충분히 이해할 수 있을 정도로 보편성을 지닌 소재인가.

: 지나치게 한국적인 소재에 집착하거나, 지나치게 개인적인 일화에 집착할 경우 생길 수 있는 문제이다. 반대로 너무 광범위한 소재, 예를 들어 인류애에 대한 강조에 집착하는 것 역시 보편성은 있더라도 이른바 '뜬 구름 잡는 소리'가 될 가능성이 높다. 하고 싶은 말이 무엇인지 명확하지 않은 글, 다시 말해 주제가 분명하지 않은 글을 읽고 싶어 하는 사람은 이 세상 어디에도 없다는 점을 기억해야 한다.

▶ 미국 대학원에서 학위를 받은 이후에 하려는 일까지 자신의 사회정의에 대한 철학이 이어지는가.

: 모든 미국 대학원은 지원자들이 SOP에 대학원에서 학위를 받은 후 무엇을 하고 싶은지를 쓰도록 하고 있다. 특별히 그렇게 말하지 않아도 이것은 당연히 써야하는 내용인데 바로 자신의 future career path가 SOP의 intro에 언급한 사회정의에 대한 신념이나 철학과 연결고리가 있는 것인지를 보는 것이다. 마무리가 서두와 완전히 관계없이 그저 "훌륭한 학자가 되고 싶다"는 것으로 끝나는 것은 좋은 SOP 결말이 아니다. 일단 펼쳐놓은

이야기를 수습하는 것 역시 글을 쓰는 writer의 의무이기 때문이다.

▶ 지원자 자신의 사회정의에 대한 관점이 즉흥적인 것이 아니라 오래된 생각인가.

: 많은 경우 놓치기 쉬운 사항이다. 과거 본인이 직접 작성한 글이라며 어떤 지원자가 가져온 SOP가 있었는데 다음과 같은 문제점들이 있었다. "이번 미국 대학원을 지원하면서 차후에 빈부의 격차를 해소하는 일을 해보고 싶다는 생각이 들었다" 그래서 "미국 대학원에서 학위를 받은 후 UN과 같은 기관에서 일해볼 의향이 있다"라는 내용이 담겨있었던 것이다. 다시 한 번 말하지만 이와 같이 글을 써버리면 설득력이 전혀 없는 SOP가 된다. 즉흥적인 생각에서 쓴 SOP를 진지하게 읽어줄 사람은 없다는 점을 기억하자.

이 장에서 소개하는 지원자는 교육학 전공자로서 교육기회의 균등이 보장되고, 교육이 이질적인 사회구성원들을 하나로 통합시키는 도구 역할을 해야 한다는 확고한 철학을 가진 사람이었다. 그 과정에서 심리학과 교육학을 접목하여 미국에서 석사과정을 마쳤으며, 자신의 철학적 비전을 실천으로 옮기기 위해 제3세계 봉사활동을 다녀온 경력도 있었다. 이런 확고한 교육철학을 SOP에 녹여내는 것은 위에 말한 것처럼 여러 가지 위험을 감수해야 하는 것이었다. 섬세한 균형을 유지하지 못하면, 위에 언급한 실수들로 인해 SOP는 물론 레주메와 지원서 전체에 문제가 생길 수 있기 때문이었다. 그런 의미에서 이 지원자의 SOP는 이런 위험을 극복하고 완성된 좋은 SOP 샘플이다. 비슷한 철학과 비전을 가진 지원자나, 비슷한 환경에서 미국 유학을 준비하는 지원자들 모두에게 좋은 선례로 작용할 것이라 믿는다.

Johns Hopkins University

## 2. 미국 대학원 합격을 위해 살펴볼 지원자의 강점과 약점들

### ➕ 지원자의 강점들

▶ 미국에서 관련 석사학위 취득

: 미국에서 교육심리학으로 석사학위를 취득했고, 이와 동일한 전공으로 박사학위에 지원하였다. 1장에서도 설명했지만, <u>동일전공을 꾸준히 해서 학-석-박사를 공부하는 것이 좋은 학교에 합격하는 정석</u>이다. 이론적으로 학부에서 석사로 혹은 석사에서 박사로 가는 길목에 전공을 바꾸는 것이 불가능하지는 않지만, 여기에는 반드시 리스크가 따른다. 만약 꼭 전공을 바꾸어야 한다면 학사에서 석사로 지원할 때 바꾸는 것이 좋다. 만약 학사를 다른 전공으로 마친 경우라고 해도 학점이 높고, 이후 석사과정에서 좋은 학점을 받았다면 지원하려는 전공의 박사 역시 아주 좋은 학교에 지원이 가능하다. 이 지원자의 경우에는 학부 전공은 심리학, 석사는 교육심리학을 했기 때문에 박사 지원의 경우에 아무런 문제가 없었다. 게다가 미국에서 석사를 받은 것 역시 강점으로 작용했다.

▶ 높은 학점

: 이 지원자는 미국에서 석사과정을 하면서 3.8 이상의 GPA를 유지하였다. 석사 GPA가 학부 GPA보다 받기 쉬운 것은 사실이지만, 미국에서 받은 것이기에 신뢰도 면에서 이점이 분명 존재했다. 게다가 학부 GPA 역시 3.5 / 4.0 이상을 유지했기에 우수하다고까지 할 정도는 아니었지만, 최소한의 경쟁력을 확보했다고 볼 수 있었다.

▶ 우수한 Work Experience

: 귀국 후에 정부출연 연구기관에서 2년 이상 근무한 경력이 있었고, 그 과정에서 전공과 밀접한 실무 경험을 쌓았다. 그 과정에서 연구보고서를 여러 편 써서 국책 연구에 참여하였고, 결국 이 때의 경험이 우수한 SOP를 작성하는데 결정적인 영향을 끼쳤다. 이 부분에 대해서는 이어지는 SOP 샘플을 확인해보기 바란다.

▶ 우수한 Research Experience

: 미국에서 작성한 석사논문이 현지 저널에 실렸다. 또한 석사논문 지도교수의 논문 여러 편에 공저자로 이름을 올렸다. 이처럼 학문적인 성과가 뚜렷했다. 이 정도 리서치 결과를 들고 박사과정에 지원하는 학생은 사실 그렇게 많지 않다. 기회가 주어지면 마다하지 않고 도전했던 지원자의 열정이 시간이 지나 차곡차곡 쌓여 자신의 강점이 되어 보답을 받은 경우이다.

● 지원자의 약점들

▶ 박사 지원에 이미 실패한 경험이 있었다.

: 지원자는 *Finnguil Williams*를 찾아오기 전 혼자 미국 대학원 박사과정에 지원하고 전부 불합격하는 불상사를 겪었다. 그 과정에서 본인이 받은 심리적인 상처가 컸겠지만, 여기서 말하는 지원자의 약점은 실패에서 비롯된 지원자의 심리적인 충격을 말하는 것이 아니다. <u>일반적으로, 미국 대학원은 지원 시에 과거 자신들의 학교에 지원한 적이 있는지를 묻는다. 과거에 한 번 떨어진 경험이 있는 지원자는 과거 지원 시에 제출한 서류와 비교하여 확실하게 변하거나 발전된 사항이 없다면 합격이 어렵다.</u> 이 지원자의 경우에는 좋은 work experience와 research 결과를 보유하고 있었지만, 1년 후 다시 지원하는 시점에서 크게 바뀐 것이 없는 상황이었다. 따라서 같은 학교에 지원할 경우 어드미션 컨미티가 선입견을 가지고 떨어뜨릴 가능성이 아주 높았다. 결국 학교 선정부터 과거에 지원한 적이 없는 학교들을 중심으로 리스트를 짜야했다.

▶ 방향을 완전히 잘못 잡은 과거 SOP

: 과거에 제출한 SOP가 그 논점부터 영어표현까지 다방면으로 문제가 심각한 상황이었다. 원점에서 새롭게 SOP 작성을 시작해야 했다. 이렇게 훌륭한 레주메를 가진 지원자가 이렇게 부실한 SOP를 낼 수 있을까 싶을 정도로 지원전략상 반성해야 할

부분이 많았다. 사실 처음부터 SOP 작업을 다시 시작해서 좋은 SOP를 써내는 것은 불가능한 일이 아니다. 과거에 작성한 SOP를 무시하고 처음부터 다시 작업하면 그만이니까 말이다. 문제는 과거 SOP를 받아서 보관하고 있던 미국 대학원들의 경우에는 재지원 시에 기존의 SOP와 새롭게 제출된 SOP를 비교해볼 텐데, 이 경우 급작스럽게 좋아진 SOP가 제대로 힘을 쓰기 어렵다는 문제가 있었다. 이런 여러 가지 이유로 최대한 지원한 적이 없었던 학교 위주로 선택지를 좁혔다.

▶ 낮은 GRE 점수

: 인문사회계열 지원자이기 때문에 160점 이상의 점수가 있어야 여러모로 유리했지만, 기존에 받은 150점대 중반 정도의 점수만으로 지원하기로 한 상황이었다. 일단 현재 직장근무로 인해 더 이상 집중적인 공부를 이어가기 어렵다는 것이 중요한 이유였다. 결국 과거 미국에서 받았던 점수를 그냥 다시 제출하는 것으로 만족해야 했다.

▶ 낮은 토플 점수

: 처음 컨설팅을 시작했을 때 100점에 조금 못 미치는 점수를 들고 찾아왔다. TA나 RA 자리를 받기 위해서는 100점이 기본이었기 때문에 시험을 다시 칠 것을 권했다. 이 권고를 지원자가 적극적으로 수용해서 최종적으로 100점이 조금 넘는 점수를 받아왔다. 여담이지만 이 지원자는 결국 RA를 받아서 미국 대학

원에 돈 한 푼 내지 않고 다닐 수 있게 되었는데, 만약 100점이라는 토플 점수가 없었다면 재정지원 자체가 어려웠을 수도 있었다. 많은 미국 대학원들이 일정 수준의 토플 점수가 없는 지원자는 합격을 시켜줘도 재정지원에서는 배제시키는 경우가 많기 때문이다.

Columbia University

# 3. Submitted SOP

Statement of Purpose

* SOP 후반부에 표시된 〈A〉〈B〉〈C〉〈D〉의 segment는 지원하려는 학교를 몇 개의 특징적인 그룹으로 나뉘어 특화시킨 것이다.

"Ms. Min, could you teach me how to distinguish onomatopoeia from mimesis? They sound the same and my classmates are treating me like an idiot!"

As tears welled in her eyes, Yoonji, a multicultural student with a Filipino mother and seventh grader at a local middle school where I interviewed students with immigrant parents, confessed what troubled her most. Distinguishing both concepts is hard even for an adult to differentiate since these two Sino-Korean words, unlike their English equivalents, only have a syllable distinction: 의성어/擬聲語 (onomatopoeia) 의태어/擬態語 (mimesis). Moreover, unlike students with Korean parents, immigrant students usually had a parent that could complement and coordinate their school education insofar as their parent's Korean language skills can permit. This was a typical problem that faced many of the middle and high school students that I met with in racially and economically segregated districts in urban areas.

I could not properly respond to Yoonji's plea. Burdened by hundreds of questions for my own educational policy project, I was unable to provide a practical answer to save her from her peers' mockery. Students, like Yoonji, speak a language other than Korean to communicate with their parents at home and a majority of them have difficulty adjusting to the curriculum provided in school. School assignments do not reflect the semantics of their mother tongue and, accordingly, fail to help them make an otherwise seamless transition to higher education. Yoonji's trouble awakened my cognizance for acquiring a more systematic research experience and learning the complementary relevant theories.

As a researcher with experience in government-sponsored institutes, my professional goal is to help immigrant and multicultural youth in Korea develop cross-cultural competence in linguistically and academically diverse classrooms. Trained in educational psychology, I recognize that the success of formal education in school is conditioned by the educational experience available to the student's family; their home language or languages, the culture of the immigrant parent, and their parents' level of education are important factors. The next logical step in educating this group is to reinforce their multicultural and multilingual experience as an advantage. In a country, like South Korea, acquiring skills in a foreign language is a key factor in achieving success. In spite of this, past learning infrastructures were assessed to be weak.

Most schools in South Korea do not provide minority students with an opportunity to work with teachers and participate in enriching teaching curriculum in their native language. If educators facilitate and substantiate the way young minority students learn and participate in class, they will be enabled to create instructional scaffolding necessary to help them become independent learners and adjust to a multicultural community. All students, from higher ranked students leading the classroom atmosphere to slower learners, deserve equal opportunities that will better contribute to the students' overall achievement.

<A: Multicultural Education>

In applying for the University of Texas at Austin, I was drawn to the Ph.D. program, which would allow me to have hands-on contact with a leading scholar in the field, like Professor Anne Doyle. Her research interest in the achievement and family factors of at-risk children fits into my own research interests stimulated by mentoring young North Korean defectors. My research interests on family, community, and school factors that afford positive academic engagement and pro-social behaviors among students at risk will fully blossom at UT Austin and will help build on an advanced school and family based interventions of the Korean government.

<B: Development of Minority Students>

Syracuse University is an ideal place to develop expertise in developing individual assets and cultural resources of students with mainstream cultural backgrounds. To achieve such a goal through the improvement of positive cultural selves, social resilience and cultural competence of minority students is a necessary step. Professor Stephen Davis's dedication to research on cultural beliefs and autobiographical memory will offer me useful research tools for furthering my doctoral dissertation and contriving better school and family based intervention programs.

<C: Multicultural Education + Higher Education>

Working with Professor Dale Dollard will provide me a method by which I am able to comprehend the experiences and performances of minority students. Considering minority students in Korea show lower levels of academic success, Professor Dollard's research on school and instructional factors that lead to positive academic engagement and socio-psychological well-being for minority students will significantly improve my capability as an educational researcher and policy planner. As I was doing my master's research on the relationships that underrepresented minority graduate students have with their advisors, I recognized that his expertise would help broaden my perspective of education policy for minority students. In the same vein, Professor James Turrell's research on teacher preparation for racially and linguistically diverse classrooms will be more than beneficial for my doctoral projects.

<D: Learning Sciences>

After measuring the effectiveness of collaborative learning environments in my master's thesis, I learned that collaborative learning broadens the zone of proximal development (ZPD). Mentoring young North Korean defectors adjust to formal school education further made me realize the need for academic guidance on designing better teaching strategies to enhance student's intellectual and physical performances in a classroom setting. In this regard, Professor Lynda Chung is the best advisor. Under her guidance, I also wish to plan doctoral research that draws particular attention to students from non-dominant communities and classroom contexts and search a way to improve students' cognitive and behavioral developments. Eventually, I expect to develop a variety of teaching strategies.

If accepted into UW, I would like to share the training and research experience I gained after a decade's pursuit studying education. I expect to contribute to the academic and professional community in two major aspects. My first contribution would be my research experience implementing a variety of analysis computer programs. As a research assistant at the Engineering and Science Design, I conducted a set of experiments on pre- and post-test development based on Bloom's taxonomy and analysis. In order to substantiate the effectiveness of the designed curriculum, I mastered the SPSS Standard, IBM's statistical program for the social sciences, and utilized the software in later projects. I diagnosed the effects of innovative learning as opposed to traditional learning on transfer performance in a collaborative learning setting as part of my master's thesis. I designed qualitative coding schemes, videotaped student interactions and dialogues and coded the results. I also learned how to quantify coding results and successfully presented a case analysis while completing my thesis.

Secondly, I would like to provide my expertise in the sampling process, which includes designing questionnaires, interviewing, and quantifying collected data. At the educational research institute, I developed and proved my research capability by handling data from various sources in association with the Ministry of Education of Korea and municipal administrations. I reached out to minority students coming from diverse backgrounds and conducted first-hand research on the effects of educational policies and took part in improving previously implemented ones. In this process, my research team and I surveyed 229 local school nationwide and dealt with 16,371 interview samples and questionnaires. I, moreover, feel confident in qualitative research proved in an independent team project on developing a school based public care plan for students of low-income families in urban and rural areas.

Recently, I am enhancing my research skill by performing a quantitative assessment for sixteen local educational administration branches and their employees. My team and I are currently preparing for a subsequent consulting. I may have decided to leave the research institute next year, but will continue to improve my research skill at UW. It is a large part of my academic asset that I am proud of.

## 4. SOP 분석

『 Vivid Description 』

> As tears welled in her eyes, Yoonji, a multicultural student with a Filipino mother and seventh grader at a local middle school where I interviewed students with immigrant parents, confessed what troubled her most.

생생한 묘사만큼 reader의 관심을 환기시킬 수 있는 방법은 없다. SOP를 생생한 묘사로 시작하는 것이 효과적인 이유가 바로 여기에 있다. 어드미션 커미티는 적게는 백여 개, 많게는 수백 장의 원서를 제한된 몇 시간 이내에 살펴보아야 한다는 점을 기억하자. 이 제한된 시간에 모든 원서를 다 살펴볼 수 있는 사람은 아무도 없다. 결국 어드미션 커미티는 SOP의 첫 문단, 그 중에서도 첫 번째 문장부터 마음에 안 드는 원서는 바로 내려놓고 불합격 리스트에 올릴 가능성이 높다. 물론 해당 지원자가 학교 성적이나, 라이팅 샘플, 레주메, 포트폴리오 등이 다 뛰어난 경우라면 SOP 몇 줄 잘못 썼다고 떨어지지는 않는다. 하지만 그야말로 '특별할 것이 없는 지원자'라면 SOP로 스스로의 장점을 만들어 내야 한다. 하나라도 특별함이 없는 지원자는 합격이 어렵기 때문이다.

『 anecdote에서 본론으로의 부드러운 transition 』

> Yoonji's trouble awakened my cognizance for acquiring a more systematic research experience and learning the complementary relevant theories.

이 SOP의 최대 강점 중 하나는 강렬한 도입부를 지체 없이 본론으로 연결하고 있다는 것이다. 영어능력이 부족한 한국인 지원자 대부분이 저지르기 쉬운 실수 중의 하나가 SOP의 anecdote을 포함한 도입부가 질질 늘어진다는 것이다. 비교적 짧게 끝나는 경우에도 도입부가 한 페이지 이상 이어지는 경우가 적지 않은데, 경계해야 할 부분이다. 최근 미국 대학원 입학 사정의 특징적인 변화 중의 하나는 SOP 분량이 점점 더 줄어들고 있다는 것이다. 과거에는 SOP 분량에 제한을 두지 않던 많은 학교들이 최근에는 600~800자 정도로 분량을 제한하고 있는 것을 확인할 수 있다. SOP를 직접 써본 후에야 깨닫게 될 일이지만, 800

자 정도의 분량도 결코 길지 않다. 따라서 도입부는 무조건 300자 이내로 제한하는 지혜가 필요한데, 제시된 SOP는 그것을 250여자에 해내고 있다.

『 연구자로서의 경력과 목표를 명확하게 제시 』

> As a researcher with experience in government-sponsored institutes, my professional goal is to help immigrant and multicultural youth in Korea develop cross-cultural competence in linguistically and academically diverse classrooms.

이 SOP의 최대 강점 중의 하나는 바로 자신의 경력을 드러내면서도 그것을 티나지 않게 해내고 있다는 점이다. 미국 대학원들은 관련분야의 경력이 풍부한 지원자를 크게 선호한다. 따라서 많은 지원자들이 SOP에 자신의 경력을 강조하고 싶어 한다. 문제는 SOP가 자신의 경력을 적는 곳이 아니라는데 있다. SOP는 경력이 아니라 학문적인 동기와 지향점을 밝히고 앞으로의 플랜을 보여주기 위한 공간이다. 기본적으로 경력사항은 레주메에 적어야 한다. 하지만 티가 나지 않게 자신의 화려한 경력을 한 번 더 SOP 강조할 수 있다면 이보다 효과적인 방법이 있을까. 이 SOP는 그 방법을 알려주고 있다.

『 합격 이후의 플랜과 자신의 능력을 명확하게 서술 』

SOP의 최종 단계에서 지원자는 두 가지 점을 분명하게 강조하고 있다. 그 첫 번째는 바로 "합격하게 되면 무엇을 할 것인가"에 대한 답변을 명확히 하고 있다는 점이다. 전공을 막론하고 모든 SOP에는 이 점이 알기 쉽게 제시되어 있어야 한다. 합격한 후에 어떤 연구를 진행할 것인지, 또 어떤 주제에 손을 댈 것인지를 말해주지 않거나 피하는 SOP는 결코 좋은 SOP라고 할 수 없다. 그 이유는 간단하다. SOP는 바로 지원자가 대학원에서 어떤 연구를 진행할지를 밝히기 위한 글이기 때문이다. 가장 중요한 목적을 달성하는데 실패한 글은 좋은 글이라 할 수 없을 것이다. 아무리 화려한 수식으로 무장하고, 강렬한 도입부분으로 글을 포장해도 이 내용이 빠진 SOP는 지원자를 합격에 이르게 할 수 없다.

두 번째로 이 지원자는 자신의 리서치 스킬을 강조하고 있다. 단순히 "나 잘한다"라는 문구를 쓰는 것은 누구든 할 수 있다. 중요한 것은 구체적으로 무엇을 잘 하는지와 그것을 어떻게 앞으로의 리서치에 활용할지 정확하게 적어주는 것이다. 자신이 무엇을 잘 하는지 까지는 잘 적는 지원자들도, 적어놓은 리서치 스킬을 미국 대학원에서의 연구에 어떻게 활용할 것인가에 대해서는 밝히지 않는 경우가 많다. 이 경우 글이 두서가 없어지고 글 전체의 통일성이 깨지면서 대체 대학원에서 무엇을 하고 싶다는 것인지 도통 알 수 없는 이상한 SOP가 되기 쉽다. 게다가 단순히 리서치 스킬만 나열할 것이라면 레주메에 해도 될 일을 SOP의 지면을 낭비해가며 써야할 이유가 없기 때문에 정말 수준 낮은 SOP가 된다. 이런 위험성을 잘 피하면서 지원자의 강점과 플랜을 밝힌 이 SOP는 비슷한 방식의 접근법을 사용하려는 다른 지원자들에게 큰 도움이 될 것이다.

*American University*

Chapter 2

## 미국 대학원 지원 이야기
– 미국 대학원은 어떤 과정을 거쳐 학생을 선발할까?

"한국에 계신 저희 교수님과 유펜에 계신 그 선생님이
친분이 있으셔서 웬만하면 합격할거라고
저희 교수님이 말씀하시더라고요."

이런 식의 희망을 산산조각 내는 것이 유쾌하지만은 않지만 상담을 받기위해 찾아오는 지원자들에게 잘못된 정보를 줄 수는 없는 일이기에 단호하게 이렇게 말하곤 한다.

"절대 합격을 장담할 수 없어요."

교수님에 대한 절대적인 믿음이 있지 않는 이상, 이런 대답을 들은 지원자는 굉장히 불안할 수밖에 없을 것이다. 그래도 사실은 사실이다. 위 지원자의 말처럼 지원하려는 학교에 재직하고 있는 교수와 상당한 친분관계가 형성되어 있는 경우에도, 그것이 추천서를 써주는 교수님이든 아니면 지원자 자신이든 미국 대학원 합격과 그와 같은 친분관계 사이에는 결정적인 상관관계가 없다.

미국 대학원의 학생 선발방식을 알고 있다면 그 이유를 쉽게 이해할 수 있다. 미국 대학원에 합격하기 위해서는 크게 2~3

단계의 과정을 거쳐야 한다. 아래에 이 단계들을 간단하게 정리해보았다.

▶ 1단계 서류심사

: 서류심사는 주로 각 department 행정직원들의 손에 의해 이루어진다. 물론 이 행정직원들이 학생 선발권을 가지고 있다는 뜻은 아니다. 이들은 단지 미리 정해진 기준에 따라 원서들을 선별하는 작업만을 할 뿐이다. 이런 과정을 거치는 이유는 단순하다. 매년 너무 많은 양의 지원서들이 날아오기 때문이다. 10~20명으로 꾸려지는 어드미션 커미티가 감당하기에는 너무 많은 수의 원서가 접수되기 때문에 불가피하게 1차 선별과정이 필요하고 당연히 행정업무를 수행하는 행정직원들이 이 과정을 담당한다.

이 과정에서 적용되는 기준은 명확하다. <u>우선 GPA가 부족한 학생들이 제출한 원서를 먼저 제거</u>한다. 대체 어느 정도의 GPA여야 이 과정을 통과할 수 있는지는 내부자가 아니라면 알 수 없다. 이것이 궁금해 각 대학 학과로 메일을 보내봐야 "GPA만으로 학생을 걸러내는 기준이 없다"라든가 아니면 "알려줄 수 없다"라는 두 종류의 답만을 들을 수 있을 뿐이다. 심지어 이런 기준은 매해 바뀔 수도 있는 것이어서 그저 과거의 통계를 통해 대충 이 정도 GPA가 있어야 1차 과정을 통과할 수 있을 것이라고 예측할 수 있을 뿐이다.

TOEFL이나 GRE 점수도 마찬가지의 기준 일 수 있다. 다만 GRE는 GPA와 토플에 비해(토플 미니멈을 넘겼다는 전제 하에) 상대적으로 영향력이 적거나, 아예 1차 심사에서는 고려대상이 아닌 경우도 있다. 참고로 같은 학교, 같은 학과라도 어드미션 커미티의 디렉터 역할을 누가 맡느냐에 따라 1년 전에는 특별한 기준이 없다가도 다음 해에는 내부 미니멈이 생기기도 한다.

▶ **2단계 어드미션 커미티 심사**

: 이 단계까지 와야 진짜 원서 심사가 시작된다. 여기까지 오지 못한 서류들은 안타깝지만 SOP 조차도 읽어보는 사람이 없는 셈이다. 하지만 이 단계에서도 여전히 한 자, 한 자 제출 서류를 훑어볼 것이라 기대해서는 안 된다. 어드미션 커미티는 현직 교수들로 이루어지는 경우가 많다. 이들 사이의 일정을 조율해서 일정을 잡는 것은 여간 어려운 일이 아니다. 어렵게 조정한 스케줄로 잡힌 회의는 1~2회에 불과하기 때문에 이 때 최대한 많은 합격자 후보를 선별해야 한다.

<u>이 단계에서는 GRE, TOEFL, SOP, 포트폴리오, 라이팅 샘플, 성적표(GPA)까지 모든 것이 합격에 영향을 준다.</u> 이 중 특별히 문제가 심각한 요소가 하나라도 분명하게 있는 지원자부터 제거된다. 전체적으로 무난한 지원자 보다는 확실하게 문제가 있다고 판단되는 지원자가 먼저 떨어지는 것이 당연하기 때

문이다. 모든 것이 뛰어나서 흠잡을 것이 없는 지원자는 이 단계에서 이미 합격 대상으로 선정되기도 한다. 지도교수 배정 문제만 없다면 웬만하면 붙이자는 공감대가 커미티 사이에서 형성되는 경우이다. 이런 지원자들의 경우에는 합격 문제를 넘어 재정지원 문제까지 논의의 대상이 된다. 어느 정도 수준의 재정지원을 이 뛰어난 지원자에게 해줄 것인지를 고민하게 되는 것이다.

▶ **3단계 지도교수 심사**

: 사실 석사과정생의 경우에는 이 과정 없이 2단계에서 대부분 합격이 결정된다. 석사 과정 학생에게까지 지도교수가 배정되는 시스템을 지닌 학교의 경우에는 석사 과정 지원자도 3단계까지 심사가 이어지겠지만, 아무래도 그런 학교는 상대적으로 그 수가 적다. <u>3단계는 주로 박사 과정생을 선발하기 위한 과정</u>이다. 어드미션 커미티가 2배수 혹은 3배수로 추린 학생들의 서류를 전공에 맞추어 개별 지도교수에게 보낸다.

이제부터 최종적인 판단은 지도교수에게 달려있다. 객관적으로 아무리 뛰어난 학생이라도 지도교수의 마음에 안 들면 떨어진다. 반면 객관적으로 조금 부족한 학생이어도 지도교수가 뽑고 싶으면 합격하는 것이다. 굉장히 주관적이고 개인적인 판단이기는 하지만 한 명의 지도 교수를 기준으로 불과 2~4명 정도만 이 과정까지 오기 때문에 2단계 심사보다 훨씬 intense한

과정을 거친다고 생각하면 된다. 라이팅 샘플이 있다면 지도교수는 그것을 천천히 읽어볼 것이고, 포트폴리오가 있다면 그 역시 시간을 들여 천천히 살펴볼 것이다. 여기까지 오면 그야말로 '운'이라는 것의 존재를 부인할 수 없게 된다.

이 장에서는 모든 지원자들이 가장 궁금해 할 미국 대학원 합격심사 과정을 살펴보았다. 이 과정은 그 동안 거의 모든 지원자들에게 알려져 있지 않았던 내용으로 *Finnguil Williams*가 수없이 많은 지원자들과의 상담과정에서 설명해왔던 것을 정리한 것이다. 최대한 상세하게 정리하였기에 여러 지원자들에게 큰 도움이 될 것이라 생각한다. 이어지는 장에서는 좋은 미국 대학원 고르는 방법에 대해 이야기하고자 한다. 생각 이상으로 많은 지원자들이 이 문제로 고민하게 된다. 이 역시 여러 지원자들에게 해주었던 조언들을 정리함으로써 어떤 학교가 자신에게 좋은 학교인지를 스스로 신중히 고민해 볼 수 있게 돕고자 한다.

*Emory University*

Chapter 2. 사회적 정의에 대한 소망과 학문적 열정을 결합시키다. 75

Finnguil Williams

논문 쓸 준비가 되어있는
지원자임을 보여주다.

# 1. 이 지원자를 통해 무엇을 배울 수 있을까?

이 장에서 소개할 지원자는 어떻게 하면 기존에 작성해 놓은 '논문'을 합격을 위해 이용할 수 있는지를 알려준다. 여러 차례 강조한 것처럼 대학원은 학문적으로 준비된 지원자가 보다 깊은 연구를 수행하기 위해 가는 곳이다. 따라서 전공을 막론하고 연구 수행 능력을 중요하게 평가할 수밖에 없는데, 이것은 결국 얼마나 좋은 논문을 쓸 수 있는 능력인가의 문제로 귀결된다. 그렇다면 논문을 잘 쓸 수 있는 능력이 있는 지원자라는 것을 어떻게 보여줄 수 있을까. 단순하다. <u>과거에 작성한 논문에 대한 이야기를 하면 된다.</u> 즉 기존의 연구성과를 소개한 후 이를 지원자 스스로 분석하고 그 과정에 얽힌 이야기를 어드미션 커미티에게 해줌으로써 학문에 대한 열정과 플랜, 그리고 뛰어난 연구능력을 동시에 어필하는 것이다. 물론 여기에도 주의해야 할 사항들은 존재한다. 아래의 사례들은 논문이 잘못 활용된 SOP의 예이다.

- 학부시절 페이퍼나 석사논문을 요약하는데 그친 SOP
- 자신의 논문만 소개하고 미국 대학원에서의 연구 계획을 밝히지 않는 SOP

- 자신의 논문에 대한 자랑에 치중한 SOP
- 지나친 겸양으로 자신이 쓴 논문을 쓸데없이 폄하하는 바보 같은 SOP
- 기존에 작성한 논문내용과 앞으로 쓸 박사(혹은 석사) 논문과의 연관 관계를 제대로 설명하지 못하는 SOP

SOP에 자신의 연구성과를 소개하는 것은 분명 효과적인 합격 전략이다. 하지만 위와 같은 실수들로 점철된 SOP를 제출하게 되면 합격에 아무런 도움이 되지 못할뿐더러 돌이킬 수 없는 치명적인 실수가 될 수도 있다. 왜냐하면 SOP는 지원자의 논문을 단순히 요약하거나 홍보하는 글이 아니기 때문이다. 논문의 내용을 단순히 소개하기 위한 것이라면 라이팅 샘플이나 포트폴리오 이것을 대체할 수 있다. 따라서 이런 단순 요약형 SOP를 읽게 될 어드미션 커미티는 "이건 제대로 된 SOP가 아니야"라고 생각하게 된다. 또한 적절한 양식으로 지원자의 기존 논문을 소개하고 있는 SOP의 경우에도 그 방향이 자신에 대한 자랑으로 가득 차 있다면 이 역시 부작용이 심할 수밖에 없다. 미국인들이 아무리 자기 홍보에 익숙하고 이것을 미덕으로 여긴다고 할지라도 적정한 선이 있다는 것을 기억해야 한다.

이어지는 체크 리스트의 내용들을 살펴보자. 여기에 부합하는 SOP를 작성한다면 합격에 큰 도움이 될 것이다.

- 담담하게 논문을 쓰게 된 동기와 과정을 언급하고 있는가.
- 논문을 쓰는 과정에서 겪은 어려움과 극복의 과정을 통해 자연스럽게 지원자 본인의 우수성을 보여주고 있는가.
- 기존 연구자들에 대해 충분한 존중을 보여주고 있는가.
- 기존 연구자들의 문제점을 용기있고 날카롭게 지적하고 있는가.
- 진행했던 연구의 미래에 대한 비전과 해결책을 제시하고 있는가.
- 자신의 과거 연구가 해결하지 못한 과제와 그것을 어떻게 해결해 나갈 것인지를 말해주고 있는가.
- 이미 쓴 논문을 토대로 미국 대학원에서 어떤 연구를 이어갈 것인지 명료하게 밝히고 있는가.

좀 더 간단명료하게 설명하자면 논문과 관련된 핵심 사항들을 전달하라는 것이다. 쓸데없는 군더더기는 최대한 없애야 한다. 만약 자신의 기존 논문을 한 단락으로 요약한다면 그것은 어떤 글이 될 것인가. 바로 이런 관점에서 접근한다면 쓸데없이 늘어지는 글을 쓰는 것을 피할 수 있을 것이다. 그리고 이렇게 작성된 핵심 사항에는 다음과 같은 것들이 한 문장 정도씩 포함되면 좋다.

- 논문의 소재를 선택한 이유
- 기존 연구자들의 연구 성과와 비교해 지원자의 논문이 지니는

차별성
- 정말 간단하게 기술된 논문의 핵심주제와 결론
- 그 결론이 다른 연구자들로부터 받은 평가 등 나름의 가치
- 논문이 지원자의 미국 대학원 진학에 끼친 영향

이와 같은 사항들을 한 두 단락 정도의 분량에 간결하게 담을 수 있다면 충분히 인상적인 SOP가 완성된다. 가장 조심스러운 부분은 분량이다. 영어가 약한 대부분의 지원자들에게 이 모든 것을 한 두 단락에 담아낸다는 것은 굉장히 어려운 일이다. 때문에 시간을 얼마나 투자하건 어쩌면 어떤 지원자들에게는 불가능한 과제일수도 있다.

이번 챕터에 소개할 지원자는 지금까지 설명한 요소 대부분을 SOP에 간결하게 담아내 성공적으로 지원을 마쳤다. 러시아 역사 연구자인 지원자는 석사 과정을 모스크바에서 마쳤고, 미국 대학원 지원 시에 러시아에서 쓴 논문을 요약한 '라이팅 샘플'을 제출하였다. SOP에는 석사 논문을 쓰면서 겪은 어려움과 연구에 대한 열정, 그리고 분명한 목적의식과 플랜을 제시함으로써 준비된 지원자라는 것을 어드미션 커미티에게 각인시킬 수 있었다. 이 지원자의 SOP는 학문적인 요소들로 가득 찬 '학자냄새가 물씬 풍기는 SOP'를 제출하고 싶은 다른 지원자들에게 좋은 샘플이 되어줄 것이다.

# 2. 미국 대학원 합격을 위해 살펴볼 지원자의 강점과 약점들

## ➕ 지원자의 강점들

▶ 우수한 GPA

: 학부와 대학원 모두 3.9/4.0 정도의 GPA를 유지했다. 학교 성적이라는 면에서는 사실상 약점이 거의 없는 지원자라고 봐도 무방하다. 유일하게 아쉬운 점이라고 해봐야 미국이 아닌 곳에서 석사를 마친 정도라고 할 수 있는데, 이 정도 약점도 없는 지원자는 사실상 없기 때문에 크게 문제라고 할 수도 없다. 또한 성적표의 세부적인 사항들을 살펴봐도 전공 성적이 다 좋아서 우수한 미국 학교를 가기 위한 요건을 충실히 갖추었다.

▶ 훌륭한 Research Tool과 연구능력

: 지원자가 석사를 위해 한국이 아닌 러시아를 택한 것은 러시아 역사라는 전공 특성상 러시아어를 잘해야 하기 때문이었다. 결과적으로 이 선택은 아주 좋은 결정이었다. 또한 이런 학문적 루트는 우수한 미국 대학 박사과정에 들어가는 많은 미국인 지원자들이 택하는 검증된 전략이기도 하다. 미국 대학의 인문사회 전공으로 좋은 학교 박사과정에 가려는 학생 중 연구분야가 미

국이 아닌 다른 나라에 대한 것인 지원자들의 경우, 이 지원자의 선택을 참고하는 것이 좋다. 비슷한 상황에서 하버드, 예일, 프린스턴 등 미국 최고의 대학에 지원하는 미국인 지원자들은 연구하려는 나라의 언어와 연구성과를 익히기 위해 석사과정을 그 나라에서 마치는 경우가 많다. 재정적으로 여유가 있고, 외국 생활에 도전해보고 싶은 지원자들은 한 번쯤 고려해 볼만한 지원방식이다.

▶ **분명하고 구체적인 연구주제**

: 이어지는 SOP를 읽어보면 보다 확실하게 알 수 있겠지만, 이 지원자는 명확한 연구주제를 가지고 석사 논문을 작성했고, 이를 박사까지 이어가겠다는 의사를 밝혔다. 바로 이런 지속성이 미국 교수들이 좋아하는 태도이다. <u>한국은 말할 것도 없고 미국 연구자들 역시 지속성이 떨어지는 연구자를 좋아하지 않는다.</u> 석사 논문의 주제와 전혀 관계없는 것을 박사과정에서 연구해보겠다고 하면 우려를 표명하는 교수들이 적지 않은 것만 보아도 이를 잘 알 수 있다. 따라서 SOP에 석사 때 했던 연구 주제를 이어 계속 공부하겠다고 밝히는 것은 합격확률을 올릴 수 있는 좋은 전략이 될 수 있다. 어드미션 커미티의 입장에서 보자면 이미 기본적인 리서치를 마친 분야이니 박사과정에서도 훌륭하게 연구를 이어갈 수 있을 것이라고 기대해 봄직하기 때문이다.

## ● 지원자의 약점들

▶ 낮은 GRE 점수

: GRE 버벌 점수가 160점이 되지 않았다. 이것은 무척 아쉬운 점이다. 공대 지원자들의 경우에는 GRE 버벌이 합격에 미치는 영향이 제한적이지만, 인문사회 지원자들의 경우에는 필수적으로 좋은 GRE 버벌 점수를 받아두는 것이 좋다. 인간과 사회에 대해 연구하는 학자가 언어능력이 떨어진다는 것은 있을 수 없는 일이기 때문이다. 다소 시간이 걸리고 노력이 많이 필요하더라도 이 부분은 필히 신경 써야 한다.

▶ 낮은 TOEFL 점수

: 토플도 100점이 채 안 되었다. 이런 약점을 지닌 지원자는 합격한다고 해도 재정지원에서 불이익을 볼 가능성이 아주 높다. 토플 문제는 인문사회 지원자뿐만이 아니라 공대 지원자들에게도 공통적으로 해당되는 이야기이다. 최대한 높은 점수를 받으라고 말해주고 싶다. 특히 speaking 섹션의 점수에 신경 써야 한다. 우선 이 섹션 점수가 잘 오르지 않기 때문이기도 하지만 무엇보다 커뮤니케이션을 중요하게 생각하는 미국문화의 특성상 어드미션 커미티가 지원자의 의사소통 능력에 점점 더 관심을 가지고 있기 때문이기도 하다. 더불어 TA를 하기 위해서라도 강의 능력과 직결되는 speaking 섹션에 공을 들여야 한다.

# 3. Submitted SOP

Statement of Purpose

"Gospodin Min! Fond. 1230."

The stern voice of the archivist slices through the quiet of the reading room. As usual, I leave the desk with my coat cozily hanging on the chair and calmly walk towards him to take the documents I requested. Infamous for the rigor of its archivists, the Russian State Archive of Literature and Art reluctantly lets historians walk in through its heavy iron gate that always gets stuck half way up against the wall and read documents on the early years of the Soviet Union. Since enrolling at Moscow State University for a master's degree, my life has been in archives and struggling with a stack of fragile, century-old documents. The archive that has intrigued me the most has been a sanctuary of Alexander Bogdanov(1873-1928), one of the revolutionaries of the early twentieth-century known as a political thinker, physician, science fiction writer, and my research subject. The archive, as I discovered, conserves over 10,000 documents on the Central Committee of Proletarian Cultural Enlightenment Organizations (Proletkult) that Bogdanov founded for the development of the working class sprit in the spheres of science, art, and everyday life.

The chronology of the Proletkult is a tragic tale of revolutionary cultural experiments that had sought to germinate an autonomous working class environment free from state control. Bogdanov demanded that socialism inspire the working class to create autonomous popular culture in order to ensure the survival of the Russian Revolution. With his pursuit of a socialist utopia, Bogdanov claimed that fledgling Soviet culture shatter its old ties with traditional elitism that characterized the Tsarist high culture. Born from such a wish for enlightenment, self-education, and social reform, the cultural-educational organization named *Proletkult*, with a half million members supporting its agenda, led a series of cultural movements by producing works in such diverse fields as popular literature, fine arts, theatrical performances, and music. Despite these remarkable accomplishments, the principles of this government-sponsored organization that spurned the elitism of the central faction within the Communist Party entailed its decline since 1921. Deemed as a detrimental challenge to Leninist ideology, this short-lived mass movement in Soviet cultural history failed to survive the purge that had swept through the Soviet politics during the Russian Civil War (1917-1922).

The more I studied Bogdanov's life trajectory and his role in founding and running the Proletkult, the deeper I became interested in the communist utopia this revolutionary activist had imagined. Unlike a great many historians narrowing their research scope in Bogdanov's scathing rebuttal of the Communist Party's centralization and elitism, I call for a rethinking of how his definition and description of communist society differentiated from the historical evolution of the Soviet Union that the people of the twentieth century actually witnessed. As Professor Anna Krylova argues in her research on women's role in the Russian military during World War II, socio-cultural expectation for women offers a better understanding of the sub-culture in a given historical context. Concurring with her methodological framework that blended customary masculine roles with women's involvement in these, I came to strongly believe that historians should have paid more attention to Bogdanov's projection of the socialist community of the future.

Since I decided to dedicate my life to studying the early history of the Soviet Union, my research interests has embraced such diverse topics as educational institutions, state-sponsored scientific projects, and proletariat culture. Upon arriving in Moscow , I began getting myself accustomed to the Russian language, literature, and history at the Center for Russian Language and the Center for International Education at Moscow State University. Through this two-year academic training, I became more confident in reading primary sources in Russian and had better understanding of the Russian culture. Furthermore, such critical seminar courses as Modern Historical Problems at MSU culminated in broadening my perspective of historiography on the early twentieth-century Soviet Union.

As I emerged from my initial research on Russian historians of post-revolutionary era, I felt an urgent need to lead my research beyond the topical boundaries dominating historical research trends in Russia that heavily concentrated on building a critical analysis of the Lenin-Stalinist historical doctrine. Since then, I have prepared myself to continue doctoral research at New York University. The field of modern European history at the department is one of the preeminent programs in the United States. With a many faculty dedicated to the field of Russian and East European history of the twentieth century, I wish to widen and reframe my research scope.

As stated above, Prof. Douglas' research interests and expertise in Soviet culture will prepare me to conduct doctoral research on the evolution of the Proletkult and its significance in understanding the Soviet culture in the Stalin era. With primary sources identified and consulted at the State Archive in Moscow in my hands, I feel prepared and excited to apply the contents to reinterpret the Soviet culture before World War II not as a locomotive passing through tunnels leading to the verge of a cliff but as a boat strenuously navigating through a political turmoil with manifold historical possibilities open to it. Waiting for an admission letter, I feel excited about pursuing a rigorous training as a historian and applying my educational, cultural, and linguistic experience to complete my graduate education at NYU.

# 4. SOP 분석

『 리서치 경험과 능력에 대한 직관적인 암시 』

> Since enrolling at Moscow State University for a master's degree, my life has been in archives and struggling with a stack of fragile, century-old documents.

바로 이와 같은 방식으로 자신의 리서치 능력을 드러낼 것을 권장한다. "나는 이런 저런 스킬이 있고, 이것을 자유자재로 이용할 수 있다"라고 직접적으로 쓰는 것도 나쁘지는 않지만, 이 지원자와 같이 러시아어로 된 문서를 능숙하게 읽을 수 있고, 리서치 경험이 풍부하다는 것을 descriptive하게 보여줄 수 있다면 어드미션 커미티의 시선을 보다 자연스럽고 확실하게 사로잡을 수 있을 것이다.

『 리서치 배경 설명 』

> The chronology of the Proletkult is a tragic tale of revolutionary cultural experiments that had sought to germinate an autonomous working class environment free from state control.

두 번째 단락에서 지원자는 자신이 석사 과정에서 수행했던 리서치의 배경지식을 설명하고 있는데, 이를 통해 어드미션 커미티는 이 SOP가 지원자의 논문을 중심으로 연구 내용에 초점을 맞춘 SOP임을 짐작하게 된다. 약간의 밸런스를 무너뜨리는 시도이기는 하다. 무엇보다 이런 방식은 지면을 낭비할 수밖에 없다. 하지만 경우에 따라서는 이런 선택은 불가피한 것일 수도 있다. 왜냐하면 어드미션 커미티라고 해서 모든 연구의 세부적인 배경을 아는 것은 아니기 때문이다. 연구 배경에 대한 설명이 부족하면 아무래도 SOP에 대한 감흥이 떨어질 수밖에 없기 때문에 이와 같은 지원자의 위험감수는 일정부분 필요한 것이었다. 이 지원자와 유사한 접근방식을 사용하려는 다른 지원자들 역시 이 점을 눈여겨보아야 한다. 내 연구가 일반적인 것이라서 구체적인 배경지식 없이 모든 어드미션 커미티가 이해할 수 있는 것이라면 자세한 설명은 필요 없다. 하지만 배경지식을 제공하는 것이 꼭 필요하다고 생각되면 약간의 위험을 무릅쓰고라도 어느 정도 구체적으로 이에 대해 자세히 설명 할 필요가 있는 것이다.

『 기존의 연구와 자신의 차별성 강조 』

> Unlike a great many historians narrowing their research scope in Bogdanov's scathing rebuttal of the Communist Party's centralization and elitism, I call for a rethinking of how his definition and description of communist society differentiated from the historical evolution of the Soviet Union that the people of the twentieth century actually witnessed.

이와 같은 내용은 꼭 필요하다. 독창성은 대학원에서의 연구 수행을 위한 필수요소이기 때문에 연구능력과 더불어 한 번 정도 더 강조해줄 필요가 있다. 잊지 말아야 할 점은 이를 SOP 전체의 흐름을 깨지 않는 선에서 해내야 한다는 것이다.

『 자신의 리서치 스킬 강조 』

> I began getting myself accustomed to the Russian language, literature, and history at the Center for Russian Language and the Center for International Education at Moscow State University. Through this two-year academic training, I became more confident in reading primary sources in Russian and had better understanding of the Russian culture.

이것의 중요성 역시 두 번 말하면 입이 아플 일이다. 글의 흐름이 허락하는 한도 내에서 한 번 정도는 자신의 리서치 스킬을 강조하는 것이 필요하다.

『 지도 교수에 대한 명확한 언급 』

석사인 경우에는 지도 교수가 없는 경우도 있기 때문에 여러 명 언급하는 것이 좋다. 여러 명의 수업을 듣고 그 교수들에게서 조언을 얻고 싶다는 내용으로 글을 전개하면 된다. 반면 박사의 경우에는 명확하게 지도교수를 지정하는 것이 좋다. 명확하게 연구분야를 확정하기 어려운 경우에도 두 명 정도의 지도교수를 정확하게 지정해서 그들로부터 지도를 받고 싶다는 의사를 분명히 하는 것이 좋다.

*Brown University*

## Chapter 3

### 🪶 미국 대학원 지원 이야기
– 어떤 학교에 지원하면 좋을까요?

"랭킹에 따라 학교를 쭉 써볼까 생각하는데 이게 옳은 것인지 확신이 없네요."

"탑 50위 안의 학교는 꼭 가고 싶습니다."

"이 학교는 딱히 생각은 없는데 교수님이 꼭 지원하라고 하셔서 리스트에 넣었어요."

전공이 정해져있고, 연구 분야가 어느 정도 한정되어 있는 지원자들이 한 이야기라고는 믿지지 않을 것이다. 하지만 이런 질문이 매년 이어지는 것을 보면 '클릭 한 번으로 모든 정보를 찾을 수 있다고 하는 세상'이라는 말이 현실을 제대로 반영하고 있는 것인지 의심스럽기까지 하다. 그만큼 정보가 공개되어 있는 것과, 그 정보를 자신에게 맞게 가공해서 이용하는 것 사이에는 엄청난 거리가 존재한다는 뜻이다. US News와 같은 랭킹 전문잡지도 있고, 이미 미국 대학원에 가 있는 선배들도 있다. 그럼에도 지원자들이 위와 같은 질문을 반복하는 이유는 무엇보다 씻을 수 없는 '불안감'에 있다. 다양한 정보들 중 어느 것이 진짜이고 자신에게 도움이 되는지 확신할 수가 없다는 것이다. 도대체 왜, 무한하게까지 느껴지는 정보의 바다 속에서 헤엄치는 지원자들이 여전히 불안감을 떨쳐버리지 못하는 것일까. 이어지는 원인들을 생각해볼 수 있다.

**1. 정보와 정보사이의 충돌과 모순이 빈번하게 일어난다.**

: 미국 대학에 대한 학술적 정보이든, 지인들이 전해주는 견해이든 찾아보고 전해 듣게 되는 정보들 사이의 모순이 심해서 어느 한 쪽을 전적으로 신뢰하기 어렵다는 것이다. 가장 대표적인 케이스가 바로 『전공 랭킹 vs. 대학 랭킹』으로 인해 오는 혼란이다. "전공랭킹이 무엇보다 중요하다. 결국 취업할 때 기업체에서 신경 쓰는 것은 전공랭킹이니까"라는 말이 있는 반면, "전공랭킹을 누가 아느냐. 결국 사람들이 알아주는 것은 학교명성이고 곧 학교 랭킹이다"라는 말도 있다. 이에 대해서는 50:50으로 의견이 팽팽히 갈리는 경우가 많은 것은 물론, 어느 한쪽을 주장하는 사람들의 태도가 지나치다 싶을 정도로 강경하다. 마치 정치 토론을 하듯 상대를 설득시키지 못하면 당장 내일 죽을 것처럼 입에 거품을 물고 미친듯이 자신의 견해를 상대에게 주입하려 한다. 학교를 골라야하는 지원자의 입장에서는 머리가 혼란스러워 죽을 맛이다. 대체 누구 말이 맞는

것일까.

## 2. 모든 사람은 정치적이다.

: 모든 사람이 정치적이라는 것도 혼란을 가중시키는 이유이다. 의식적이든 무의식적이든 사람은 일정부분 편견에 사로잡힐 수밖에 없는 동물이다. 사람들이 의식적으로 생각하고 한 말이 아닌 경우에도 그 근저에는 선입견이 깔려있거나 자신의 사적인 이득을 대변하는 논리가 숨겨져 있는 경우가 많다. 대표적인 경우가 자신이 나온 대학이나 자녀들이 나온 대학을 대변하는 것이다. 예를 들어 캘리포니아에 자녀를 유학 보낸 부모들은 캘리포니아가 미국에서 가장 잘 사는 주 중의 하나라는 점을 강조한다. 캘리포니아 주의 학생들이 UC 계열의 학교 중 버클리에 가면 눈물을 흘리고 비명에 가까운 환호성을 지르며 기뻐한다는 점도 강조한다. UC 계열 학교들의 경우에는 특히 대학원이 아주 우수하다는 것 역시 빠뜨리지 않고 이야기해준다. 반면 이들은 다른 지역의 미국인들이 캘리포니아보다는 가능하면 동부로 대학을 가고 싶어한다는 점은 잘 말해주지 않는 경향이 있다. UC 계열이 CC 출신 편입생을 상당히 쉽게 받아주는 경향 때문에 현지 교민들에게 조차도 '한 소리 듣는' 상황이라는 것 역시 언급하지 않는 경향이 있다.

### 3. 사람마다 상황이 다르다.

: 모든 지원자 마다 처한 상황이 다른 것 역시 학교 문제로 지원자들이 머리를 싸매는 이유 중의 하나이다. 바로 위에 언급한 UC 계열의 이야기를 좀 더 이어나가 보자. UC 계열은 캘리포니아 주 정부가 재정적으로 여유가 있기에 재정지원이 아주 풍부한 편이다. 다른 여타 이유로 캘리포니아 지역의 학교를 선호하지 않는 지원자가 있다고 하자. 그의 지인들은 모두 이구동성으로 지인과 비슷하게 캘리포니아 지역의 학교에 큰 관심이 없다고 하자. 그럼에도 이 지원자가 재정지원이 절실하다면 UC 계열 학교들이 기회의 땅이 될 수 있다. 조금 다른 예이지만 어린 시절 미국유학을 하면서 인종차별에 눈물을 흘린 경험이 있는 지원자들도 마찬가지이다. 이들에게 미국 내에서 인종차별이 가장 약한 캘리포니아 지역의 학교들은 인간다운 학창시절을 보내게 해줄 유토피아가 될 수 있다. 이렇듯 서로 처한 상황이 다르기 때문에 학교 선택에는 그야말로 정답이 없다.

   그렇다면 어떻게 해야 하는 것일까. 기본적으로는 여러 사람들의 이야기를 많이 듣고, 관련 정보를 많이 찾아보는 것이 기본이다. 여기까지는 누구나 어느 정도 밟는 단계이다. 그 다음이 중요하다. 정보를 찾아보는 것을 넘어 정보의 출처를 분석

해야 한다. 누가 해당 정보를 가공했고 제공하느냐에 따라 정보의 방향성이 눈에 들어오고, 그 방향성을 이해하면 해당 정보를 제공하는 사람이나 집단의 '의도'라는 것이 눈에 들어오기 때문이다. 그것이 정보의 깊이라는 것인데, 이 과정을 거치고 나면 본인이 받아들일 수 있는 정보와 그렇지 못한 정보가 구분된다. 내가 가고 싶은 학교와 그렇지 않은 학교가 어느 정도 정리되는 경험을 하게 된다는 것이다.

*Duke University*

*Finnguil Williams*

프로페셔널한 경력과 창의적 일화의
조화로 어드미션 커미티를 설득하다.

# 1. 이 지원자를 통해 무엇을 배울 수 있을까?

이 장에서 다룰 지원자는 개인적 경험personal experience과 경력work experience이 가장 확실하게 장점으로 어필된 케이스이다. 미국 대학원은 학문적 성격을 강조하는 곳이기는 하지만 전공에 따라서는 학문적 장점만으로 합격하기 어려운 경우가 있다. 스포츠 매니지먼트sports management 전공으로 대학원에 지원한 이번 지원자의 케이스가 바로 그것이다. 스포츠 매니지먼트와 같은 전공은 관련 분야의 근무경험을 굉장히 중요하게 생각한다. 물론 그것이 학문적인 능력이 결여된 지원자를 관대하게 쉽게 합격시켜준다는 뜻은 아니지만, 본인의 학문적인 준비과정이 아주 조금 부족하다고 생각하는 지원자들은 본인의 프로페셔널한 이력을 강조함으로써 어드미션 커미티의 시선을 끌 수 있을 것이다. 특히 바쁜 직장 생활로 변변한 연구실적을 쌓기 어려웠던 지원자라면 학문적인 리서치에 앞서 자신의 프로페셔널한 이력 중에서 무엇을 어필할 수 있는지를 먼저 생각해볼 필요가 있다. 다시 말해 본인의 약점을 먼저 생각하며 움츠러들지 말고, 자신의 강점을 부각시킬 수 있는 방법을 중심으로 자신감 있게 전략을 짜야한다는 뜻이다. 같은 맥락에서 아래의 질문들을 스스로에게 해봄으로써

보다 효과적인 지원전략에 대해 생각해볼 수 있을 것이다.

- (학문적 역량이 다소 부족하다면) 다른 지원자들이 가지지 못한 내 레주메의 강점은 무엇일까.
- 그러한 강점들 중 어떤 것에 어드미션 커미티가 관심과 매력을 느낄까.
- 내가 생각하는 내 강점들이 내 약점들을 상쇄할 수 있는 것들일까.
- SOP에 어떤 방법으로 내 강점들을 부각시킬 수 있을까.
- 레주메에 어떤 방법으로 내 강점들을 부각시킬 수 있을까.
- 포트폴리오 (혹은 라이팅 샘플)과 SOP의 연계관계에 있어 내 강점을 그 둘 사이의 연결고리로 만들 수 있는 방법은 없을까.

지원자가 지닌 이력상의 강점은 제출할 SOP를 '부각시켜 줄 꽃centerpiece'과 같은 역할을 해야 한다. 우리가 어떤 사람에게 '예쁘다' '매력적이다' '끌린다'라는 말을 할 때, 우리는 꼭 그 사람이 '완벽하다'라는 것을 뜻하지 않는다. 이것은 완벽하지는 않지만 확실한 장점과 포인트가 있다는 뜻으로 해석되는 경우가 많다. 지원자의 SOP도 이와 같이 확실한 포인트가 있는 것이어야 한다. 그렇지 못한다면 여러 지원자들이 저지르는 실수에서 자유롭기 어렵다. 자신의 가진 장점을 전부 어필하기 위해 무리수를 던진 SOP는 레주메의 확대판이 되기 쉽다. 미국 대학원에 지원하는 지원자 다수가 저지르는 실수 중 하나로 가장 치명적인 잘

못이라고 할 수 있다. 어드미션 커미티가 가장 싫어하는 SOP 유형이기 때문이다. 또 다른 주의사항은 지나치게 직설적이면 안 된다는 것이다. 아무리 매력적인 사람이라도 대놓고 "나 예뻐" 혹은 "나 정말 잘생겼지"라고 말한다면 나르시즘이 풍겨오는 느낌 때문에 매력이 반감되어 버릴 것이다. SOP도 마찬가지이다. 아무리 잘난 점이 있다고 하더라도 이것을 SOP 도입부부터 노골적으로 어필하면 어드미션 커미티의 반감을 사기 쉽다. 이 역시 또 다른 실패 케이스로 주의해야 한 부분이다.

이어지는 조언들을 염두에 두고 글을 작성한다면 치명적인 실수들은 피하면서 자신의 매력을 마음껏 발산할 수 있는 좋은 SOP를 제출할 수 있을 것이다.

▶ **겸손하라.**

: 자신이 경력이든 학문이든 겸손한 사람이라는 것을 지원서에 자연스레 드러내는 것은 세상 어떤 문화에서나 공통적으로 중요시되는 덕목이다.

▶ **동시에 도발적이 돼라.**

: 겸손한 것과 겁이 많은 것은 다르다. 자신이 잘못된 관행이나 학문적 문제점에 직면했을 때 어떻게 대처했는지를 밝힐 수 있다면 훨씬 매력적인 SOP가 될 수 있다.

▶ 확실한 목표를 밝혀라.

: 겸손과 도발성을 동시에 갖춘 지식인인 지원자가 대학원에서 무엇을 이루려고 하는지를 명확하게 밝혀라. 이것은 주로 진로$^{career\ path}$에 대한 언급을 통해 해결하면 된다.

▶ 철학적인 사람이라는 것을 보여주어라.

: 학문적 기술이 뛰어난 사람이라는 것을 보여주는 것은 당연히 중요한 일이지만, 그 못지않게 철학적인 고뇌가 있는 사람이라는 것을 보여주는 것 역시 중요하다. 전공을 불문하고 철학적인 담론을 생산할 수 있는 사람이 진짜 학자라는 점을 기억하자.

이런 목표를 달성하기 위한 가장 좋은 방법은 좋은 일화$^{anecdote}$로 글을 시작하는 것이다. 지원자의 학문적 기원$^{origin}$과 창의성$^{creativity}$을 동시에 보여줄 수 있는 것은 다른 무엇도 아닌 좋은 일화이다. 이 책에서 소개하고 있는 다른 모든 SOP들이 모두 좋은 일화를 담고 있지만, 특히 이번 지원자의 SOP는 소박하면서도 창의적인 일화를 제시한다. 그것은 아주 오래된 이야기이면서 동시에 따뜻한 담론을 담고 있다. 그러면서도 프로페셔널한 지원자의 경력과 아주 밀접하게 연결되어 있다. 개인적인 소소한 이야기에서 시작해서 자신의 커리어를 강조하고자 하는 모든 지원자들에게 귀감이 될 만한 SOP라 하겠다.

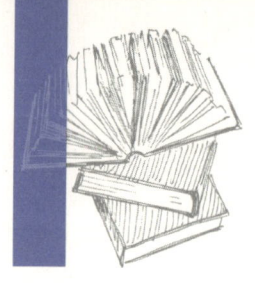

## 2. 미국 대학원 합격을 위해 살펴볼 지원자의 강점과 약점들

### ➕ 지원자의 강점들

▶ **커리어에 대한 신념**

: 단순히 SOP에 "나는 내 커리어에 대해 신념이 있다"라고 썼다는 뜻은 물론 아니다. 이 지원자는 10대부터 호주에서 유학하면서 학교 스포츠 팀에서 꾸준히 활동했다. 골프와 승마는 물론 수영과 농구까지 학교 대표로 여러 대회에서 활약했다. 물론 전문 운동선수는 아니었다는 점도 강조할 필요가 있을 듯하다. 전문 운동선수는 아니었지만 그만큼 스포츠를 사랑해왔고, 오랫동안 그 열정을 자신의 생활 속에서 관철해왔다는 것을 레주메에 보여주는 것으로 이를 증명했다.

▶ **관련 분야의 경력**

: 이 지원자의 최대 강점이다. 어린 시절에는 프로 골퍼를 꿈꾸었고, 그 꿈이 멀어진 이후에도 골프 매니지먼트 회사에서 근무하면서 자신의 커리어를 끈질기게 추구해왔다. 커리어의 방향도 골프 매니지먼트를 기반으로 한 방향으로 잡았을 만큼 골프

분야에서는 '전문성'이 확실했다. 바로 이런 '전문성'이 대학원 어드미션 커미티가 찾고 있는 것이기에 다른 지원자보다 우수한 조건에서 경쟁할 수 있었다. 이 점은 레주메와 SOP에 모두 강하게 어필되었다.

▶ 가정환경

: 이 점에 대해 고개를 갸우뚱 하는 지원자들이 있을 것이다. 가정환경이라니? 대학원 지원과정에서도 가정환경이 중요한가? 여기서 말하는 가정환경은 일종의 가문적 전통$^{family\ heritage}$을 말하는 것이다. 이 지원자의 경우에는 아버지가 전문적으로 운동 선수 활동을 하셨던 분이고 해당 분야에서 족적이 뚜렷한 분이었다. 이런 전통은 레주메에 언급되기 어려운 부분이지만 SOP에는 자연스레 노출시킬 수 있는 지원자의 독특한 강점이다.

● 지원자의 약점들

▶ 매우 낮은 GPA

: 학부 GPA가 2점대에 머물렀다. 게다가 학부에서는 스포츠 매니지먼트와 관련된 수업을 수강한 기록이 거의 없었다. 고등학교까지 꾸준히 스포츠에 대한 열정을 보였던 지원자라고 하기에는 무언가 앞뒤가 맞지 않는 대학시절의 모습이었다. 이 부분을 보완하기 위해 레주메에 관련 부분 노출을 줄이고 강점을 어

필하는 방식으로 구성을 취했다.

▶ 추천서 문제

: 미국대학 시절의 성적이 좋지 않았던 관계로 추천서를 부탁할만한 교수님이 없었다. 물론 써달라고 하면 응할 분들이야 있었지만, 좋은 추천서를 받을 수 있다는 보장이 전혀 없는 상황이었다. 이런 경우 다른 분들에게 추천서를 부탁할 수 있기는 했지만, 학문적인 능력을 검증해줄 수 있는 은사분들에게 추천서를 받을 수 없다는 문제 때문에 이 지원자가 제출할 추천서는 명백한 약점을 노출할 수밖에 없었다. 이런 약점을 최소화하기 위해 관련 분야의 전문가, 직장 상사, 프로 스포츠인 명사 등으로 추천서를 구성했다.

# 3. Submitted SOP

Statement of Purpose

"Can I just ride the horse? Just on Saturdays. I will do this on Sundays. I promise."

Shoveling horse dung, my hands were shaking with sweat flowing from my face onto the ground.

"I am here to learn how to ride a horse, so why should I work in the stable?"

I kept grumbling.

When I turned 12 years old, I started learning to ride a pony and soon rode on old horses. For my part I was rather lucky to have a father, who was an equestrian medalist of National Sports Festival, as my first instructor. A sagacious senior athlete, he made it clear that I should spend working for horses—not working with them—on weekends. For a while, my father and I fussed over this seemingly trivial matter until I eventually gave in.

In retrospect, my father was right. A year later I became a 13-year-old expert of retired horses: I learned to treat them with affection and respect—not just as animals but as athletes dedicated to the sport. At that moment, when I came to value the life of an athlete, I unconsciously wanted to become a sport agent. From that experience, I learned an important lesson: being involved in a sport is not just about winning or losing. It is about learning the values of the profession from different levels.

While learning to play golf in Australia, this same lesson guided me. I practiced with many junior golfers longing to become the next Adam Scott. Not open to public view to my surprise, professional golf for players at this stage was not an individual sport. In most cases, their fathers accompanied them as their caddie and other family members provided financial assistance so that young golfers could hire a first-tier coach. Watching them practice for the future of their family, I internalized the lesson I learned from my father: being a sport agent, considering the entire career span of a player, is less about representing individual professional athletes in their prime and more about being able to protect younger and older athletes and their families.

Majoring in economics at college was the first important step I took to become a successful sports agent—I learned finance in relation to professional sports and made personal contacts with a number of student-athletes on and off campus. For two years after graduation, I developed my research skills while working with instructor-researchers at the ****** Foundation in Seoul. Currently, I am working for professional golfers beginning their career. All these steps included their ups and downs and unexpected events that demanded a great deal of patience, dedication, and time. However, I am committed to being an outstanding sports agent.

At ****** Golf Consulting, I manage a few rookie golfers trying to gain good sponsorship by big corporations. In the midst of signing a sponsorship contract, the most frequent conflict between athletes and sponsors is how to design an efficient training program and plan an appropriate tournament schedule. As both mentor and guardian of young golfers, coaches tend to caution against overusing untrained muscles and having negative emotions resulting from repeatedly losing tournaments. On the upside of the negotiating table, a prospective sponsor tries to have their players exposed to the public by maximizing their opportunities to participate in and win a tournament—inevitable brawls ensue around the issues of the golfer's physical and emotional exhaustion and the breadth of sponsorship rights.

The most challenging part of my first job involved finding a middle ground between the two. It was particularly challenging when the sponsor tried to control a golfer's training program. I searched for and collected all the available records of 30 golfers that the company had managed and broke them down according to the numbers of tournaments annually participated, average resting periods between tournaments, and frequency of golfers' sponsorship activities. After getting permission from my boss, I provided my analysis to both coaches and sponsors. This personal project proved itself successful in drawing up a satisfactory agreement between both parties and allowed me to realize the importance of scientific analysis—a critical point in my career that made me apply to graduate school to enhance these skills.

Given my passion and future career path, I feel Duke is the best place to train myself. Of the many academic opportunities available to prospective graduate students, I am especially impressed by two. First, the graduate program offers many courses in marketing, sponsorship contracts, and athlete welfare that help develop a set of necessary management skills for creating favorable environments and working conditions for athletes. Additionally, the fact that many faculty members in the department worked for international sports organizations and sports management companies captivated my attention. I am looking forward to listening to and learning from their first-hand experiences gained from participating in major sports projects and the personal contacts they made with athletes.

After receiving my degree, I plan to go back to the company where I began my career. Upon completion of important projects that the company develops for next 10 years in order to build global sports management networks, I would want to get my JD degree in Korea. All these plans will lead me to initiate the capstone project of my career: starting my own sports management corporation with law professionals interested in sports management—a business model still in its burgeoning stage in Korea.

Though I find this plan to have a long way to go, I will accomplish this feat. I am sure the graduate training I will receive at Duke will empower me to succeed. I am confident that I am on the right path.

# 4. SOP 분석

『 편안하지만 강력하고 창의적인 anecdote 』

에디터가 "지금까지 이렇게 강력한 일화를 본 적이 없다"고 했을 정도로 인상적인 도입부라는 찬사가 있었다. 그것은 읽기 편안한 일상적인 어조의 도입부가 아래와 같은 철학적인 사고를 보여주었기 때문이었다.

> In retrospect, my father was right. A year later I became a 13-year-old expert of retired horses: I learned to treat them with affection and respect—not just as animals but as athletes dedicated to the sport. At that moment, when I came to value the life of an athlete, I unconsciously wanted to become a sport agent. From that experience, I learned an important lesson:

> being involved in a sport is not just about winning or losing. It is about learning the values of the profession from different levels.

　이와 관련하여 많은 지원자들이 잘못 생각하고 있는 점 하나가 있다. 도입부를 소설과 같이 읽기 편한 어조로 시작하는 것이 좋은 SOP의 목표 중 하나라고 생각하는 것이다. 잊지 말아야 한 점은 편안한 도입부, 혹은 인상적인 도입부는 그 다음에 이어질 지원자의 깊은 사고를 보여주기 위한 도구에 불과하다는 것이다. "재미있기만 하고 학문적 신념이나 계기와 아무런 상관이 없는 도입부를 제시한다면 합격에 아무런 도움이 되지 않는다."는 평범한 진리를 기억해야 하는 이유가 여기에 있다.

『 개인의 신념, 가족적 전통, 인간미를 동시에 보여주는 인상깊은 전환부 』

　지원자는 단 한 문장에 자신이 대를 이어 스포츠에 헌신하고 있다는 사실을 한 번 더 각인시키고 동시에 프로 운동선수에 대한 따스한 마음을 학문적 추구와 병존시키려 한다는 자신의 신념을 보여주고 있다. 최근 SOP의 경향은 분량제한이 점차 까다로

워지고 있다는 것인데, 이렇게 분량이 줄어들고 있는 환경에서는 한 문장에 복합적인 내용을 담을 수 있어야 하고싶은 말을 어드미션 커미티에게 다 전할 수 있다.

> Watching them practice for the future of their family, I internalized the lesson I learned from my father: being a sport agent, considering the entire career span of a player, is less about representing individual professional athletes in their prime and more about being able to protect younger and older athletes and their families.

『 자신의 커리어에 대한 강조 』

SOP가 본격적인 궤도에 올랐다고 판단되면 지체없이 자신의 커리어와 강점을 어필해야 한다. 아래와 같이 즉각적인 transition을 사용해서 프로페셔널한 모습을 어필하는 것이 필요하다. 그 이후에 자신이 우수한 경력을 쌓아가는 과정에서 어떤 일을 했는지를 보여줌으로써 도입부에 이어지는 훌륭한 중간부분을 완성할 수 있다.

> At ****** Golf Consulting, I manage a few rookie golfers trying to gain good sponsorship by big corporations.

『 도전과 응전 』

도전과 응전이라는 키워드는 모든 지원자가 참고해야 할 사항이다. 가능하다면 SOP에 포함시켜야 하고, 그래야만 인상적인 SOP가 될 수 있다. 대학원 지원에 있어 도전이라는 것은 여러 가지를 뜻한다. 선배들의 학문적 선입견, 지원자 본인을 둘러싼 경제적 어려움, 타인의 곤란함을 도우려는 과정에서 맞닥뜨리게 된 현실적 장벽 등 학문이라는 바다를 항해하는 여정에 겪게 되는 모든 형태의 어려움이 도전이 될 수 있다. 그리고 이를 극복하려는 개인적 노력이 바로 응전이다. 지독한 고민과 리서치, 현실적 혹은 학문적 대안의 제시, 더 강해진 신념 등이 이 과정에서 SOP에 드러나야 하는 내용들이다. 이 지원자의 경우에는 골퍼와 스폰서 기업들의 갈등이 도전에 해당하는 부분이다. 그리고 이를 해결하기 위해 지원자가 했던 리서치 과정과 협상 노력이 바로 응전이라고 할 수 있을 것이다.

> The most challenging part of my first job involved finding a middle ground between the two. It was particularly challenging when the sponsor tried to control a golfer's training program. I searched for and collected all the available records of 30 golfers that the company had managed and broke them down according to the numbers of tournaments annually participated, average resting periods between tournaments, and frequency of golfers' sponsorship activities.

『 구체적인 커리어 플랜의 제시 』

모든 SOP에 빠질 수 없는 마무리는 역시 구체적인 커리어 플랜을 제시하는 것이다. 단순히 연구를 더 하고 싶다거나, 다른 사람에게 도움이 되는 사람이 되고 싶다고 쓰는 것은 합격에 도움이 되지 못한다. 이 지원자의 경우에는 시간적 순서에 맞게 미국에서 학위를 받은 후 1)회사로 돌아가 더 경력을 쌓고 2)로스쿨에 간 다음 3)자신의 비즈니스 모델을 현실화하겠다는 구체적인 플랜을 제시하고 있다. 다른 모든 지원자들이 참고할만한 모범답안이다.

After receiving my degree, I plan to go back to the company where I began my career. Upon completion of important projects that the company develops for next 10 years in order to build global sports management networks, I would want to get my JD degree in Korea. All these plans will lead me to initiate the capstone project of my career: starting my own sports management corporation with law professionals interested in sports management—a business model still in its burgeoning stage in Korea.

## Chapter 4

## 미국 대학원 지원 이야기
– 어떻게 하면 좋은 추천서를 받을 수 있을까?

미국 대학원에 지원하려는 모든 지원자를 괴롭히는 문제가 바로 추천서 문제이다. 누구에게 추천서를 받느냐의 문제부터 추천인이 좋은 추천서를 쓰게 유도할 수 있는 방법에 이르기까지 고민거리가 한두 가지가 아니다. 그만큼 추천서가 중요하다는 뜻도 되고, 그만큼 좋은 추천서를 받는 것이 어렵다는 뜻도 된다. 다음의 조언들을 통해 모든 지원자들이 추천서에 대한 막연한 공포감을 극복하고 원하는 프로그램에 합격하는 길을 열 수 있기를 바란다.

1. 추천서는 추천서일 뿐 추천서가 당락을 결정하지는 않는다.

: 이 조언을 먼저 건네는 이유는 지원자들이 가지고 있는 막연한 공포심을 덜어주고 싶어서이다. "추천서는 모든 원서 자료 중에서 가장 중요하고 당락이 여기서 결정된다"라고 생각하는 지원자들이 생각보다 많아서 추천서 한 장에 손을 부들부들 떠는 것을 자주 보게 된다. 물론 이런 경우가 없지는 않다. 그야말로 추천인의 손가락 놀림 한 번에 지원자의 운명이 결정되는 경우가 아예 없는 것은 아니다. 단 이 경우 몇 가지 전제가

있다. 추천서를 써준 추천인과 그 추천서를 읽는 어드미션 커미티가 안면식이 있는 사이거나 어드미션 커미티에 포함된 교수가 추천인의 이름과 명성을 알고 있는 경우이다. 이 경우 추천인이 지원자에 대해 재앙 수준의 추천서를 써주었다면 해당 학교에는 합격하기 어려운 것이 사실이다.

반대로 말하면 이런 경우만 아니라면 추천서는 여러 서류 중 하나일 뿐, 그 이상도 이하도 아닌 참고 사항에 불과하다는 뜻도 된다. 만약 추천인이 누군지도 모르는데 어드미션 커미티가 모르는 사람이 써놓은 말에만 의존해 지원자를 선발한다면 SOP는 왜 필요하고, 레주메는 왜 받으며, 라이팅 샘플이나 포트폴리오는 무슨 소용이 있겠는가. 우리는 추천서 문제에 접근할 때 이런 막연한 공포부터 걷어내야 할 필요가 있다.

## 2. 반드시 포함시켜야 하는 추천인이 있다.

: 그렇다. 추천인으로 반드시 포함되어야 하는 추천인이 있는 경우가 있다. 이미 석사학위를 받고 박사과정으로 지원하는 지원자들이 이 경우에 해당된다. 이 경우 석사 논문을 지도했던 지도교수 정도가 필수적으로 포함되어야 하는 추천인이라고 할 수 있다. 석사 논문은 박사과정에 지원하는 지원자를 평가하기 위한 가장 중요한 자료 중 하나이기 때문에 어드미션 커미티는 이 논문을 써가는 과정을 가장 잘 알고 있는 지도교수가

쓴 추천서를 읽고 싶어 한다. 만약 논문지도교수의 추천서가 없다면 이를 다소 의아하게 생각하거나 지원자에 대해 확실하게 긍정적인 평가를 내리는 것을 보류할 가능성도 있다. 반면 논문지도교수 이외에 논문 심사에 참여했던 심사의원들의 경우는 반드시 추천인으로 포함되어야 하는 것은 아님으로 크게 걱정하지 않아도 된다.

### 3. 필수적인 추천서보다는 좋은 추천서가 더 좋은 추천서이다.

: 위에 말한 것처럼 경우에 따라서는 반드시 포함되어야 하는 추천인이 있기는 하지만 '나쁜 추천서'를 써줄 것이 확실한데도 그 추천서를 무조건 보내야 한다는 것은 아니다. 형식적인 요건을 갖춘 추천서 보다는 그 내용이 긍정적이고 밝은 추천서가 더 좋은 추천서이기 때문이다. 과거 한 지원자가 국무총리와 대학 총장까지 지낸 분이 추천서를 써주기로 했다고 기뻐했던 일이 있다. 그런데 막상 추천서를 써달라고 가자 이런 저런 핑계를 대며 긍정적인 코멘트를 쓰는 것을 회피하려고 한다거나 연구 실적을 조금 예쁘게 포장해서 좋은 내용을 써달라고 하자, "100% 사실만을 써야한다"는 역시 말도 안 되는 핑계로 이 부탁을 일언지하에 거절한 경우가 있었다. 그래서 이 지원자에게 "그냥 그분께 추천서를 받지 말라"고 조언했다. 참고로 이 지원자는 그 분의 추천서 없이도 우수한 프로그램에 당당히

합격했다. 이 분을 대신해서 추천서를 써주신 분들이 지원자의 의도에 맞게 아주 좋은 추천서를 써주셨기 때문이다. 오히려 이 분 추천서에 집착했다면 좋지 못한 결과가 나올 수도 있었다. 이처럼 추천서는 추천인의 이름값보다는 그 내용에 당락이 달려있다. 많은 지원자들이 추천인의 명성에 집착하는 경향이 있기에 더욱 전해주고 싶은 조언이다.


**4. 추천인은 추천인일 뿐 추천인에 휘둘리지 마라.**

: "SOP를 이런 저런 방식으로 써야 한다고 하시더라고요." 바로 이런 말이 나온다면 추천인이 본인의 결정권한이 없는 영역에 쓸데없이 권위를 행사하려고 하는 것이다. 추천인은 자신이 본 지원자의 모습을 평가하는 역할을 하는 사람일 뿐 원서를 쓰는 과정에 개입할 권한도 없고 개입해서도 안 된다. 미국대학원 진학 때만 되면 오지랖을 넘어 자신이 학생들의 컨설턴트가 되려고 하는 교수 분들이 간혹 있다. 이 시기가 해당 학생에 대해 거의 신과 같은 영향력을 행사할 수 있는 시기임을 모르는 바는 아니나 남의 인생에 책임지지 못할 권위를 부리는 것은 명백해 경계해야 할 일이다. 지원자의 입장에서도 이런 추천인의 태도를 접하게 되면 추천인들이 하는 말들을 '한 귀로 듣고 한 귀로 흘려버릴 필요'가 있다. 다시 한 번 말한다. 추천인은 추천인일 뿐 그 이상도 이하도 아니다.

5. 교수는 '신'이 아니다. 또 교수만 추천서를 쓸 수 있는 것도 아니다.

: 이 말은 교수가 해당 분야의 전문가인 것은 사실이지만 원서를 작성하고 미국 대학원에 합격하는 과정을 알고 있는 사람은 아니라는 뜻이다. 이것은 미국에서 학위를 받고 돌아온 교수님들도 마찬가지이다. 이 분들은 미국에서 공부를 하고 학위를 받아 온 것이지 미국 대학원 합격과정에 참여했던 사람들은 아니다.

또 한 가지 알아두어야 할 사항은 추천서를 쓸 수 있는 사람은 교수만이 아니라는 점이다. 직장 상사는 물론 관련분야에서 자신을 가르치거나 프로젝트를 같이 진행했던 선배라면 추천서를 써줄 자격이 있을 수 있다. 물론 모든 추천서가 교수 이외의 사람들 것으로 채워진다면 조금 곤란한 상황이 올 수도 있지만, 추천서 중 하나 정도는 과감하게 학계 밖의 사람으로 추천인 리스트를 채워도 문제가 없다.


6. '좋은 인간적인 관계'가 곧 좋은 추천서를 보장해 주지는 않는다.

: "그 교수님이 그럴 줄은 몰랐어요. 저를 친딸 이상이라고까지 하셨던 분인데…"

이 말을 했던 지원자는 자신이 특수한 상황이라고 생각해서

하소연했을 것이다. 하지만 놀랍게도 이 말을 이 지원자가 처음 했던 것은 아니었다. 이른바 친분관계가 있는 교수들에게 '배신' 당해서 추천서 쓰는 과정에 이분들과 결별하게 되는 지원자들이 적지 않다. 그렇다면 이런 질문이 있을 수 있다.

"그렇다면 교수 혹은 학자들은 나쁜 사람들인가?" 당연히 아니다. 이런 부류의 비슷한 문제가 자꾸 일어나는 것은 이 분들의 인품문제라기 보다는 교수나 학자라는 직업군의 특징 때문이라고 보는 것이 맞다. 교수나 학자들은 명예에 극도로 민감하기 때문에, 또 명예를 빼면 가진 것이 아무것도 없는 사람들이기 때문에 추천서를 써주는데 극도로 수구적이다. 미국교수들은 그래도 좀 시원시원한 면이 있는 편인데, 한국의 경우에는 정말 자기 교수자리를 주고 싶을 정도로 아끼는 제자가 아니라면 추천서에 이래저래 좋은 말 써주는 것을 회피하는 경우가 많다.

오히려 강사 선생님들이 좋은 추천서를 써주는 경우가 많은데 이것 역시 같은 맥락에서 쉽게 이해할 수 있다. 이 분들은 아직 교수가 아니기에 학생들과 사이가 막역하거나 (일종의 동지애), 교수가 될 기회를 놓쳐 쓸데없는 눈치를 보지 않는 (일종의 해탈의식) 경우이기 때문이다. 즉 같은 학자라도 교수와는 다른 집단의 사람이라는 것이다. 따라서 교수님들보다는 강사 선생님들이 훨씬 더 좋은 추천서를 써줄 가능성이 높다는 상식도 함께 알아둘 필요가 있다.

### 7. 나쁜 추천서가 나의 운명을 결정하지는 않는다.

: 당연하다. 추천서가 지원자 자신보다 더 중요한 평가요소일 수는 없기 때문이다. 어드미션 커미티는 주관을 가지고 지원자를 판단한다. 추천인의 말 몇 마디 (대부분의 추천서는 2장을 넘지 않는다)에 주관을 쉽게 바꾸지 않는다. 지원자 스스로가 자신을 자신 있게 어필하고 이를 SOP와 다른 자료들로 확실하게 뒷받침 한다면 추천서가 약하다고 해도 충분히 합격할 수 있다.

### 8. 스스로 추천서를 써야 하는 난처한 경우에는 섬세하게 접근하라.

: 한국학교를 졸업하고 미국 대학원에 원서를 써야 하는 지원자들의 경우에는 추천서를 직접 써야 하는 경우가 적지 않다. 이 경우 골치 아픈 면이 있는 것이 사실이지만, 원하는 방향으로 추천서를 써서 낼 수 있기 때문에 상황을 긍정적으로 받아들일 여지도 있다. 다만 아래의 사항들은 주의할 필요가 있다.

: 한국어 초안은 본인이 작성하되, 영어 번역은 다른 사람에 맡겨라. 필체 문제 때문이다.

: 제3자의 입장에서 자신을 바라보려 노력해야 한다. 본인만 알 법한 지나치게 사적인 부분까지 추천서에 쓰면 의심을 살 수 있기 때문이다.

: 여러 편의 추천서를 써야 하는 상황이라면 각각 다른 컨텐츠를 통해 개별 추천서가 지닌 장점을 개성있게 표현하는 것이 좋다. 예를 들어 한 편은 지원자의 석사 논문 작성과정을 주로 다룬 추천서, 두 번째는 수업과정에 훌륭했던 내용을 다루는 추천서, 또 다른 하나는 지원자와 교수와의 인간적인 관계에 초점을 맞춘 추천서를 작성하는 식으로 컨텐츠를 다양하게 하라는 것이다.

이 장을 마치며 다시 한 번 강조하건데, 추천서는 추천서일 뿐 그 이상도 그 이하도 아니다. 추천서에 대한 지나친 공포도, 추천서를 경시하는 태도도 모두 경계해야 한다. 침착하게 이성적으로 접근한다면 얼마든지 잘 대처할 수 있는 문제라는 점만 기억하자.

*Indiana University*

*Finnguil Williams*

SOP의 본질에 충실하게 접근하여
합격을 가져오다.

# 1. 이 지원자를 통해 무엇을 배울 수 있을까?

지금까지 소개한 SOP들은 주로 강한 인상을 줄 수 있는 소재를 사용하여 이야기를 시작하는 경우가 많았다. 이는 천여 명이 넘는 지원자 중 자신을 어필해야 하는 SOP의 특성상 가장 효과적인 방식의 접근법이라고 할 수 있다. 하지만 모든 에세이가 이와 같아야만 하는 것은 아니다. 강렬한 인상을 주는 일화를 소개한다는 것은 지면의 상당 부분을 그 일화에 사용해야 한다는 것을 뜻한다. SOP의 분량이 점점 제한적인 되어가는 최근의 경향을 고려한다면 일화 때문에 본론을 희생해야 하는 측면도 있다는 말이다. 그래서 이번 장에서는 특별한 일화 없이 차분히 자신의 이력을 강조한 지원자와 그의 SOP를 소개하려 한다. 대부분의 지원자들이 특수한 일화를 찾는데 실패한다는 것을 생각한다면 이와 같은 방식의 SOP는 평이한 접근방식으로 최대의 효과를 거둘 수 있다는 점을 증명해주는 더할 나위 없이 소중한 샘플이라 할 수 있다.

그렇다면 특별한 소재와 일화를 사용하지 않는 SOP의 장점에는 어떤 것들이 있을까.

▶ 이력을 좀 더 강조할 수 있다.

: 더 많은 지면을 자신의 전공과 직접적으로 관련된 이력 사항을 드러내는데 쓸 수 있기 때문이다. 물론 이력을 단순 나열하는 것은 SOP가 아닌 레주메에서 해야 할 일임으로 여러 이력 사이에 스토리텔링적 요소를 충분히 살려주어야 한다.

▶ 일화가 어필되지 않았을 때의 위험부담이 없다.

: 본인은 강렬한 일화라고 생각하고 배치한 anecdote가 실패한다면 SOP 전체가 위험해지게 된다. 적지 않은 지원자들이 이런 치명적인 실수를 저질러 지원한 모든 학교에서 불합격 통지를 받기도 한다. 자신은 정말 글을 잘 썼다고 생각하는데 그 의도가 충분히 전해지지 않거나, 글을 잘 썼다는 생각이 자신만의 착각인 경우에 생기는 일이다. 이런 위험을 피하고 싶다면 담담하게 이력을 설명하는 차분한 SOP를 통해 보수적으로 접근하는 것이 좋다.

▶ 주제의식이 보다 분명하게 드러나도록 유도할 수 있다.

: 강렬한 일화를 배치하다보면 글 전체 전개가 그 일화가 전해주는 메시지와 연관관계 속에 있어야 한다. 이것은 굉장히 섬세하고 복잡한 글쓰기를 요구한다. 동시에 암시적인 메시지 전달을 해야 하기 때문에 주제의식을 명확하게 전달하기 힘들 수 있다는 약점 역시 감수해야 한다. 쉽게 말해 글을 정말 잘 쓰지 않는 이상 손해를 볼 가능성이 높다는 뜻이다. 따라서 담담하게 글

을 전개하는 이 지원자의 SOP와 같은 방식으로 우직하게 자신이 전하려는 메시지를 보다 분명하고 직접적으로 던져보는 것도 고려해볼만한 방식이다.

물론 이 챕터에 소개할 SOP와 유사한 접근법을 사용할 때 주의할 사항들도 존재한다. 아래 체크 리스트를 이용하여 잘못된 SOP를 써내려가지 않게 주의하자.

▶ SOP가 레주메의 확대판이 되고 있지는 않은가.

: 가장 저지르기 쉬운 실수이다. 레주메를 단순히 확대 설명한 SOP가 되지 않도록 주의하자. SOP와 레주메는 완전히 다른 관점에서 접근해야 한다.

▶ 지나치게 재미없는 글이 되고 있지는 않은가.

: 억지 유머를 던지라는 뜻이 아니다. 특별하게 재미있는 요소가 없어도 전달력과 호소력이 있는 글을 쓰라는 것이다.

▶ 자기 자랑으로 도배된 글을 쓰고 있지는 않은가.

: SOP는 지원자의 비전을 전달하는 글이지, 지원자의 개인자랑을 늘어놓는 글이 아니다. 이 둘 사이에는 하늘과 땅만큼의 차이가 존재한다.

▶ 자신의 장점이 확실하게 어필되고 있는가.

: 아무리 뛰어난 실적이라도 주제의식이 다른 소재들과 섞여 들어가면 지원자의 장점이 희석되는 상황이 올 수 있다. 이에 대한 해결책은 간단하다. 소재를 통일하는 것이다. 주제에 부합되는 소재가 아니면 아무리 매력적으로 보여도 레주메에 양보하고 SOP에서는 제외하는 과단성이 필요하다.

이 챕터에서 소개할 지원자는 도전적이고 모험적인 SOP를 쓰지는 않고 있다. 하지만 주제의식이 분명이 전달되는 명쾌한 SOP를 쓰는 법을 알려주고 있다. 공학전공 지원자인 지원자는 뛰어난 논문이 있거나 굴지의 대기업에서 근무한 경력은 없지만, 엔지니어로서 가져야 할 확고한 문제의식을 지녔다. 이력상의 특별함이나 학문적인 경험이 풍부한 것은 아니었지만, 전공에 대한 깊은 이해를 통해 미국 대학원에서 성공할 수 있다고 어필함으로써 합격에 이르는 길을 연 케이스이다. 아마 대부분의 미국 대학원 지원자들이 이 지원자처럼 완벽과는 거리가 먼 케이스일 것이다. 이런 이들에게 이 지원자의 SOP는 그 어떤 다른 샘플보다도 소중한 자료가 되어줄 것이라 믿는다.

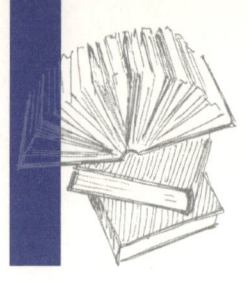

## 2. 미국 대학원 합격을 위해 살펴볼 지원자의 강점과 약점들

### ➕ 지원자의 강점들

▶ 우수한 학점

: 4.0 기준으로 환산했을 때 3.7이 넘는 GPA를 유지하고 있었기에 학교성적이라는 측면에서는 다른 지원자들보다 앞서 있었다. 특히 이 지원자는 engineering 전공이었기 때문에 이 정도 수준의 GPA를 유지하는 것이 무척 어려웠다. 경우에 따라서는 2점대로 GPA가 추락한 지원자도 적지 않았기 때문에 지원자의 노력은 높게 평가받을 만 했다.

▶ 다양한 인턴쉽 경력

: GPA를 유지하는 것 만해도 대단히 어려운 과제이다. 하지만 우수한 미국 대학원 프로그램에 합격하려면 그 이상의 무언가를 보여주어야 한다. 이 지원자의 경우에는 다양한 인턴쉽을 소화함으로써 어드미션 커미티의 기대에 부합하려 노력하였다. 당연한 말이지만 모든 인턴쉽 기회가 동등한 가치를 지니는 것

은 아니다. 치열한 경쟁을 뚫었을 때 인턴쉽의 가치는 더 높아진다. 자신의 전공과 관련된 분야에서 일 해보는 것이 중요함은 말할 필요도 없다. 물론 이런 좋은 인턴쉽 기회를 얻는 일은 쉽지 않다. 그래도 좋은 프로그램에 합격하고 싶다면, 또 자신의 리서치 경험이 다소 부족하다는 생각이 든다면 다방면에서 여러 인턴쉽에 도전해볼 필요가 있다.

## ➖ 지원자의 약점들

### ▶ 다소 낮은 영어 시험 성적

: 토플은 90점대에 머물렀고, GRE 버벌의 경우에는 150점이 되지 않았다. engineering 전공이 영어성적을 덜 중요하게 생각하는 것은 사실이지만, 이를 감안해도 너무 낮은 점수였다. 이 지원자의 경우에는 성적을 더 끌어올릴 시간이 부족했기에 이 점수로 지원했지만, 비슷한 처지의 다른 지원자들에게는 좀 더 영어 성적을 올려야 한다고 조언하고 싶다.

### ▶ 리서치 경험의 부족

: SOP에는 전략적으로 이 부분을 감추었다. 그래서 이 지원자의 SOP를 중심으로 평가를 내린 어드미션 커미티는 이 지원자의 리서치 경력이 "아주 많이 부족하다"라고는 생각하지 않았을 것

이다. 하지만 객관적으로 리서치 경험이 부족한 것은 사실이었다. 대체로 한국 대학들은 학부생에게 충분한 연구기회를 주지 않기 때문에 아마 대부분의 공학전공 지원자들이 이 지원자와 비슷한 처지일 것이다. 인문사회 전공의 경우에도 혼자 리서치를 진행하는 것이 불가능한 것은 아니지만, 지도 교수 없이 석사논문 수준의 연구성과를 내는 것이 현실적으로 어려운 것이 사실이다. 이 지원자의 경우에는 수업 관련 프로젝트를 통해 교수나 선배 연구자들과 소통하면서 이 약점을 최대한 보완하였다. 인턴쉽을 여러 곳에서 한 것도 부족한 연구 경험 부족을 보완하기 위한 장치였다. 또 교환학생 기간 동안에 랩에서 연구한 내용도 레주메에 반영함으로써 약점을 최대한 줄이기 위해 노력하였다.

*Northwestern University*

# 3. Submitted SOP

In my sophomore year, I was chosen from a pool of more than one hundred applicants to conduct an internship at ****** Inc., one of the leading software companies for online games in South Korea. Shortly after beginning my internship, the senior engineer of the development department of the company, who was in charge of training a dozen other interns selected for the program, gave us an inside scoop: computer simulations based on software programs at a producer's level barely succeeded in a real market environment because diverse users of the product enthusiastically rushed to find bugs in the game. Advising us to accept this dire reality, he argued that the realistic goal of a program engineer was to robotically assemble and arrange a set of already existing programming software and modules to better address the fickle practices of numerous users.

Through this internship I realized that experimentally designed environments for programming often times did not ensure a sufficient performance in a real world experience, for even efficient parameter variations failed to help create a perfect simulation. Albeit different from software programming, I recognized that similar problems took place in the field of my interests, designing electrical digital circuits by using schematic and layout simulations. As a result the entire experience at the company shifted my attention to more palpable matters in manufacturing facilities and allowed me to dedicate my undergraduate studies to hardware designs, a task that gives more practical opportunities to engineers. Once I realized the importance of links between well-designed laboratory experiments and their technical and productive feasibility, I came to understand that an engineer had to look at how electrical equipment adopted diverse circuitries in order to implement expedient solutions in case unexpected problems arose.

Eventually, I sought another internship opportunity at ****** Electronics, a local home appliance producer that specializes in kitchen gadgets, such as microwaves and micro ovens. While helping the factory manager inspect assembly lines and look for defective products, I learned that the virtues of well-functioning digital circuits came from a series of characteristics: their simplicity, robustness, power efficiency, and marketability.

As a result of my internship experiences, I developed my plan to master the VLSI and ULSI. Throughout my undergraduate coursework, I prepared myself in using design systems as diverse as Cadence Labview, Matlab, Multisim, and Cadence tools. Notably, I mastered how to design 8-Bit Pico Processor HDL models by using Verilog as one of my term projects and excelled in it. After receiving commendations from professors for improvising Matlab, I conducted a filter design project based on Matlab and Verlog HDL codes. As the best integrated circuit design in class, professors and other researchers acclaimed my projects. As spring semester 2012 rolled out, I decided to continue my career path as an expert in circuit designs and planned to develop various analog and digital circuits such as advanced operational amplifiers (AMP) and multiplexers (MUX).

My research interests made me instantly recognize that Purdue University would be the best place to continue my graduate education and research. Professor Hineman's interests in computer-aided-design of digital systems perfectly fit into my career goals. Since I also wish to dedicate my research to designing and testing circuit operations, Professor Hineman's expertise not only in the CAD but also in Design-for-Testability, Built-in-Self-Test, and Automatic Test Pattern Generation will expedite my doctoral research. Especially impressive, Professor Hineman is the most experienced researcher in the field, having trained a number of graduate students and published a plethora of articles that have been cited by researchers since

1974. In addition, I am also hoping to conduct research and share ideas with Professor Dongping J. Li. Given that Professor Li is one of the most prominent experts in the field of High-Speed Low-Power Analog-to-Digital Converter, my dissertation will greatly benefit from his advice and research experiences. As a budding researcher, I particularly admire Professor Li's active contribution to the field of circuit design and operation through countless publications.

While these are many reasons why I chose Purdue as the destination for my graduate studies, training at Purdue is also necessary for developing my expertise in circuit designs for following reasons:

(1) The Expertise of Faculty Members: The number of faculty publications confirmed my assertion. During my research at North Dakota State University as an exchange student, I encountered a legion of articles written by Purdue professors and cited them in my term papers. This experience led me to decide

Purdue as the next destination on my career path.

(2) Research Resources: While seeking better research resources in US graduate schools of engineering, I concluded that Purdue provided excellent research facilities, sustaining an impressive number of research projects, which were being planned, conducted, and completed by graduate students. The statistical records of the National Research Council (NRC) on financial aid, research achievement, and overall graduate student capability also confirmed my decision to study at Purdue.

## 4. SOP 분석

『 Work Experience에 대한 직접적인 언급 』

> In my sophomore year, I was chosen from a pool of more than one hundred applicants to conduct an internship at ****** Inc., one of the leading software companies for online games in South Korea.

이 SOP는 함축적인 의미가 담긴 일화를 포기하는 대신 인턴쉽에 대한 경험을 통해 work experience를 강조하는 방식으로 도입부를 시작하였다. 일화를 포기했다고 해서 글의 flow를 전개하는 것이 마냥 쉬워지는 것은 아니다. 무작정 나는 "이런 이런 일을 했다"라고 하면 레주메와 다를 바가 없는 SOP가 된다. 이 경우 어드미션 커미티는 SOP 첫 단락을 읽은 후 바로 글을 덮어버릴 가능성이 높다. 따라서 attention getter의 역할을 할 수 있는 무언가가 여전히 필요하다. 이 SOP는 서두에 지원자가 100명이 넘는 지원자 중에서 뽑인 인턴이었다는 것을 강조하는 방식으로 어드미션 커미티의 시선을 끌고 있다.

『 Work Experience → Research Interests로의 전환 』

> Albeit different from software programming, I recognized that similar problems took place in the field of my interests, designing electrical digital circuits by using schematic and layout simulations. As a result the entire experience at the company shifted my attention to more palpable matters in manufacturing facilities and allowed me to dedicate my undergraduate studies to hardware designs, a task that gives more practical opportunities to engineers.

관련 분야에서의 근무 이력을 소개한 것은 단순히 지원자의 경력을 자랑하기 위한 것이 아니다. work experience는 학문적인 관심사로 화제를 전환하기 위한 계기가 되어야 한다. 두 번째 단락에서 이 SOP는 이야기의 중심을 빠르게 전환하였다. 지원자의 hardware design에 대한 관심사가 바로 그것이다. 이런 빠른 전개는 SOP를 작성하는 지원자 모두가 최대한 모방해야 한다. 최근 미국 명문대 대학원들은 SOP 분량을 점차 제한해나가고 있는 추세이다. 즉 주저리주저리 다른 이야기를 하며 낭비할 공간이 없다는 뜻이다.

『 또 다른 work experience와 이를 통한 학문적 교훈 』

> While helping the factory manager inspect assembly lines and look for defective products, I learned that the virtues of well-functioning digital circuits came from a series of characteristics: their simplicity, robustness, power efficiency, and marketability.

이 SOP는 전략적으로 지원자의 work experience를 강조하기 위해 작성되었다. 따라서 두 번째 work experience를 소개한 것에는 이런 숨은 의도가 있다. 그리고 그 과정 속에서 지원자가 내린 결론은 관련 분야의 제품을 만들면서 지켜야 할 철학적 원칙들이 있다는 것이었다. 이런 채득된 교훈은 지원자가 미국 대학원에서 논문을 쓰며 새로운 제품을 만들 때 자신의 연구에 반영할 엔지니어링 담론이다. 미국 대학원은 연구 분야를 막론하고 연구철학이 부족한 지원자를 뽑는 것을 꺼려한다. 계산만 잘하는 기계나 외국어만 잘하는 외국어 로봇이 무조건 유리하다고 할 수 없는 이유가 바로 여기에 있다.

『 기술적인 부분에 대한 강조와 미국 대학원 플랜의 결합 』

> As spring semester 2012 rolled out, I decided to continue my career path as an expert in circuit designs and planned to develop various analog and digital circuits such as advanced operational amplifiers (AMP) and multiplexers (MUX).

이어지는 단락에서 지원자는 엔지니어로서의 기술 능력을 강조하고 있다. 이것은 지원자가 지원하는 분야가 research tool을 워낙 강조하는 곳이기에 어느 정도 필수적인 언급사항이다. 인문사회 지원자들의 경우를 생각한다면 외국어 능력이나 여타 리서치 스킬을 강조하는 문구를 넣는다면 좋을 것이다. 이보다 더 중요한 점이 있다면 이런 리서치 스킬을 강조하는 내용이 앞뒤 단락과 유기적으로 연결되어야 한다는 것이다. 이 지원자는 미국 대학원에서 circuit designs 분야를 연구하기로 결정했다는 statement를 통해 글의 유기성을 구현하였다.


『 축약적이고 핵심적인 지원이유의 요약 』

> While these are many reasons why I chose Purdue as the destination for my graduate studies, training at Purdue is also necessary for developing my expertise in circuit designs for following reasons:

강력한 일화가 없다는 다소간의 약점을 보완하기 위해 이 지원자는 글의 마지막을 매우 공격적이고 집약적으로 구성하였다. 자신의 지원이유를 축약한 것이다. 글의 마무리에 다른 지원자들이 하지 않는 전개방식을 택함으로써 SOP에 개성을 부여한 것이다. 이와 같이 보다 다양한 방식으로 SOP 작성 전략을 고민해 본다면 자신에게 특화된 SOP 작성법을 찾아낼 수 있을 것이다.

Chapter 5

# 미국 대학원 지원 이야기
― 미국 대학원에서의 연구 분야는 어떻게 결정해야 할까?

　기본은 역시 자신이 하고 싶은 연구를 하는 것이다. 많은 한국인 지원자들이 자신이 미국 대학원에서 공부할 연구 분야를 합격하고 싶은 학교에 재직 중인 교수가 연구하는 분야에 맞추는 경향이 있다. 좋은 학교에 합격하고 싶은 마음은 얼마든지 이해하지만, 이런 식으로 잿밥에 눈이 멀어 학문의 본질을 외면하는 행위는 합격에 악영향을 준다. 당연하다. 급작스럽게 정한 주제를 대하는 태도가 진솔할 리 없고, 이것을 알아채는 것은 어려운 일이 아니다. 급작스러운 연구 분야 결정이 합격에 악영향을 주는 구체적인 이유는 다음과 같다.

▶ 라이팅 샘플이나 포트폴리오를 준비하는 것이 어려워진다.

　: SOP만 잘 써낸다고 해서 원서작성이 끝나는 것이 아니지 않나. 급작스럽게 연구 분야를 정하게 되면 이에 맞추어 준비해야 할 라이팅 샘플이나 SOP가 부실해질 수밖에 없다. 미리 써놓은 논문도 없고, 오랜 기간 준비한 창의적인 실적도 없는 경우는 말할 것도 없다. 논문이나 포트폴리오가 있는 경우에도

지원하려는 연구 분야와 아무 상관이 없는 자료들이라면 합격 확률이 낮아질 수밖에 없다.

▶ **급작스럽게 연구분야를 바꾼 티가 난다.**

: 그렇다. 지도교수가 될 사람은 지원자의 SOP를 보고 연구 분야가 급작스럽게 정해진 것인지, 아니면 오랜 기간의 고민과 준비기간을 거쳐 준비된 것인지를 순식간에 알아챈다. SOP를 아무리 잘 써도 레주메와 비교해보면 무언가 어색한 느낌을 지울 수 없기 때문이다.

▶ **추천인들도 해줄 말이 없다.**

: 추천서가 부실해질 가능성이 크다는 이야기이다. 지원자가 오랜 시간을 투자하고 고민해서 결정한 연구 분야가 아닌 만큼 추천인들 또한 해줄 말이 없다. 그저 "성실한 친구이니 미국 대학원에서도 잘할 것이다"라는 상투적인 말 이외에는 해줄 말이 없게 된다.

많은 지원자들이 다음과 같은 고민을 털어놓는다.

> "하지만 제가 지원하려는 분야는 연구자가 너무 적어서 지도교수를 찾는 것이 너무 어려워요."

이런 지원자들에게 까지 학문적 소신을 꺾지 말라는 말로 무모한 지원을 강요할 수는 없는 일이다. 그렇다면 자신이 오랜 기간 동안 연구한 분야가 미국에서 각광을 받는 분야가 아니거나, 너무 한정된 영역에 국한된 것이어서 미국 대학원에서 이를 지도해줄 지도교수를 찾는 것이 어려운 경우는 어떻게 해야 하는 것일까. 다음과 같은 방식으로 문제에 접근해본다면 좋은 결론이 나올 수 있다.

▶ **연구 분야를 확장하는 접근법**

: 가장 대표적인 접근법이다. 자신이 연구한 분야를 포기하지 않고 범위를 넓혀서 확장시키는 방법이다. 지금까지 진행했던 연구보다 상위의 카테고리를 선택해서 연구 분야의 범위를 정한다. 대부분의 석사논문이 굉장히 작은 분야의 주제를 다루고 있는 경우가 많은 만큼 연구 범위를 한 단계 더 높은 카테고리로 확대시키는 것은 어렵지 않은 일이다. 또한 가장 자연스러운 접근법이기도 하다.

▶ **최대한 빨리 연구 성과를 낼 수 있는 분야를 찾는 방법**

: 연구 분야에 따라서는 6개월 정도면 일정 수준의 연구 성과를 낼 수 있는 경우가 있다. 짧은 기간의 리서치로도 논문이나 포트폴리오를 만들어낼 수 있는 분야를 찾아서 준비하는 것

이다. 게다가 기존에 완성한 연구에 사용한 자료를 다시 한 번 사용할 수 있는 분야라면 이보다 더 좋을 수 없다. 한정된 시간에 리서치 결과를 내야하는 위험부담이 있기는 하지만, 정말 가고 싶은 학교가 있고, 그곳에 있는 지도교수에게 인정받아 합격하고 싶다면 이 접근법을 택해보는 것도 좋을 것이다.

▶ 연구 분야를 변경할 것을 솔직하게 털어놓고 본인의 다른 장점을 어필하는 방법

: 우선 SOP에 이를 솔직하게 말한다. 새로운 연구 분야에 대한 관심이 생겨 미국에서는 이 분야에 헌신할 것이라고 말이다. 대신 기존의 연구를 진행하면서 익힌 리서치 스킬이나 문제의식을 집중적으로 어필함으로써 새롭게 진행하는 연구 분야에서도 성공할 가능성이 높다는 인상을 주려 노력해야 한다.

지금까지 언급한 케이스들은 석사과정에 진학하려는 학부생보다는 주로 이미 석사를 받고 박사과정에 지원하려는 지원자들에게 도움이 될 만한 내용들이다. 그렇다면 학부에서 바로 미국 대학원에 가려는 지원자들은 어떻게 이 문제에 접근해야 할까. 다음의 질문들에 답해보라고 권하고 싶다. 이를 통해 미국 대학원에 어필할 수 있는 연구주제를 발견할 수 있을 것이다.

▶ 그 동안 학부 페이퍼(레포트)로 어떤 것들을 작성했는가.

: 학부 수업을 듣는 동안 작성한 페이퍼나 소논문 등을 검토해본다. 그 중에서 대학원에서 해보고 싶은 연구 주제를 발견할 수도 있다. 본인의 적성도 중요하지만 공을 많이 들인 페이퍼나 소논문이 무엇이었는가를 보다 중요하게 생각해야 한다. 학부생이 진행한 연구라도 보완을 한다면 좋은 라이팅 샘플과 포트폴리오가 될 수 있는 것들이 있을 수 있기 때문이다.

▶ 현실적으로 지금부터 진행해서 성과를 낼 수 있는 연구들이 없을까.

: 학부생 처지에 심도 있는 연구를 진행하기는 어렵다. 하고 싶다고 해서 마음대로 할 수 있는 일은 아닐 터이다. 따라서 어느 정도 충분한 시간을 가지고 리서치 플랜을 세운다고 해도 생각보다 할 수 있는 일이 많지 않을 수 있다는 전제 하에 문제에 접근한다.

공대의 경우에는 여러 랩에서 보조연구자를 모집하는 경우가 많음으로 여기에 지원해보는 것이 좋다. 회사의 인턴같은 경우는 경력으로서는 큰 도움이 되지만 핵심 연구에 참여할 기회를 주는 경우가 드물다. 때문에 레주메에 한 줄 넣는 수준을 넘어 미국 대학원이 관심을 가질 정도의 연구 성과를 만들어내고 싶다면 캠퍼스 내의 기회를 활용하는 것이 더 유리하다.

인문사회 계열 지원자의 경우에는 학교 도서관을 적극 활용해서 해외 저널 검색을 최대한 많이 해야 하고, 선배연구자들에게 도움을 청해 좋은 논문을 쓰는 방법을 익히고 이를 바탕으로 라이팅 샘플을 준비해야 한다. 즉 석사 논문이 없다고 하더라도 미국 대학원 준비 기간 동안 석사논문 한 편을 작성한다는 마음가짐으로 접근해야 한다는 것이다.

▶ **최신 연구 트렌드는 무엇일까.**

: 연구 실적이 부족한 학부생 지원자이기에 가장 합격확률이 높은 분야를 잘 골라 지원해야 한다. 그렇게 하기 위해서는 최근의 연구 동향을 파악하는 것은 무엇보다 중요한 일이다. 지원하려는 미국 대학원 지도 교수의 홈페이지를 서치하는 것은 기본 중의 기본이다. 더 중요한 것은 서치과정을 통해 일종의 데이터 베이스를 만드는 일이다. 통계적으로 어떤 분야의 연구가 활발한지 파악해야 하고, 앞으로의 연구 트렌드도 예측해야 한다. 이 두 가지 요소를 모두 충족시키는 방향으로 연구 분야를 결정하면 합격확률이 올라간다.

이 장에서는 연구 분야를 결정하는 과정에서 생길 수 있는 여러 궁금증과 해결책들에 대해 알아보았다. 연구 분야 선택이 합격에 미치는 영향은 생각 이상으로 크다. 특히 박사과정에 지원하는 지원자들의 경우에는 충분히 우수하고 준비된 지원자라고 하더라도 연구 분야 선택을 잘못함으로써 불합격이라는 안타까운 결과를 받게 되는 일이 적지 않다. 따라서 연구 분야 선택은 결코 즉흥적으로 이루어져서는 안 된다. 합격을 위한 확률게임을 해야 하는 것은 물론 연구 주제에 대한 진솔한 접근도 동시에 이루어져야 한다고 말해주고 싶다.

*Vanderbilt University*

Finnguil Williams

학자로서의 전문성이
합격의 길을 안내하다.

# 1. 이 지원자를 통해 무엇을 배울 수 있을까?

 이번 장의 지원자는 '학자로서의 전문성'이라는 것이 무엇인지를 확실하게 보여주는 케이스이다. <u>대학원과 학부의 가장 큰 차이는 전문성의 유무이다.</u> 학부는 학문에 대해 그야말로 맛만 보는 수준에서 공부를 하게 된다. 반면 대학원은 한 분야의 전문가를 기르는 곳이다. 때문에 학부는 다양한 전공의 수업을 필수 과목으로 정해놓고 수강하게 하지만, 대학원에서는 그런 과정이 없다. 대신 대학원은 연구자로서의 전문성을 강화하는데 커리큘럼의 초점이 맞추어져 있다. 따라서 좋은 미국 대학원에 합격하려면, 특히 좋은 프로그램에 박사로 합격하려면 SOP, 레주메, 포트폴리오, 라이팅 샘플 등을 통해 자신의 전문성을 최대한 많이 보여 주여야 한다. 아무리 학점이 높아도 전문성이 떨어지는 지원자라면 논문작성이라는 험난한 과정을 제대로 돌파해낼 수 있을지 확신할 수 없기 때문이다. 그렇다면 이런 전문성을 보여주는 방법에는 어떤 것들이 있을까. 아래 예들을 살펴보자.

▶ 자신의 석사 논문 작성 과정을 소개한다.

: 단순히 논문의 내용을 말하는 것이 아니다. 논문 주제 선정

에서 논문 작성 과정의 어려움과 연구의 의의에 이르기까지 연구자로서의 전문성을 보여주라는 것이다. SOP와 포트폴리오를 통해 가능하며, 라이팅 샘플로 석사논문을 제출하는 것이 일반적인 방법이다.

▶ 다른 학자들의 연구를 숙지하고 있음을 보여준다.

: 기존 연구를 숙지하는 것은 논문을 쓰기 위한 가장 기초적인 작업이다. 미국 대학원에서 공부할 주제에 대해 기존 연구자들이 어떤 연구를 했는지를 이미 다 알고 있다는 것을 보여주어야 합격할 가능성이 높아진다. 이번 장에 소개할 연구자처럼 SOP를 통해 이를 보여줄 수도 있으며, 라이팅 샘플을 제출할 경우에는 기존 연구 정리를 해서 포함시켜도 좋다. 물론 포트폴리오를 통해서도 동일한 접근이 가능하다.

▶ 지원하려는 미국 대학원 지도 교수의 연구 주제와 리서치 관심사를 정확하게 파악하고 있음을 보여준다.

: 지도 교수의 연구 주제에 대해서 미리 리서치를 확실하게 해야 한다. 논문도 여러 편 읽어보고, 지도 교수가 될 사람이 현재 진행 중인 연구와 관련된 자료들도 미리 찾아서 숙지하고 있어야 긍정적인 평가를 받을 수 있다. 반면 해당 교수에 대한 상투적인 칭찬의 말은 삼가야 한다. 쓸데없는 아부는 지면 낭비일 뿐만 아니라 미국 교수들이 가장 싫어하는 접근방식이다.

▶ 대학원에서 무엇을 하려고 하는 지에 대한 플랜을 명확하게 소개한다.

: 이것은 단순히 리서치 주제를 밝히는 수준 이상을 의미한다. 보다 자세하게 말하면 어떤 논문을 쓰려고 하는지 정확하게 보여주어야 한다는 것이다. SOP에 두 세 문장 정도 미국 대학원에서 작성하려고 하는 석박사 논문 플랜을 제시한다고 생각하면 이해가 더 빠를 것이다.

바로 이러한 사항들을 원서에 담아내어야 하기 때문에 미국 대학원 지원과정이 힘들어지는 것이다. 원서 자체를 넣는 것이야 그렇게 어려울 것이 없는데, 이런 전문성을 어필하는 과정은 상당히 오랜 시간을 들여 고민하고 준비해야 한다. 특히 대학원 지원 서류에 자신의 논문을 포트폴리오나 라이팅 샘플이라는 형식으로 포함시켜야 한다면 그 어려움은 몇 배 이상 커질 수밖에 없다. 그럼에도 불구하고 이런 어려움은 좋은 학교 합격을 위한 필수과정이다. 대학원은 전문가를 양성하는 곳이기 때문이다. 그렇다면 이런 어려운 준비과정에는 어느 정도의 시간이 걸리며 어떤 방식으로 접근해야 하는 것일까. 아래의 조언들을 참고하기 바란다.

• 미국 대학원에 가서 공부할 분야의 논문은 지원 2년 정도 전 시점부터 꾸준히 읽어나가야 한다. 그렇지 않다면 제출할 SOP와 라이팅 샘플 혹은 포트폴리오에 전문성을 드러내기 쉽지 않다.

- 최소 1~2년 전부터 지원 분야를 선택하고 제출할 라이팅 샘플 혹은 제작할 포트폴리오를 구상하기 시작한다.
- 영어 시험 준비, 그 중 GRE 준비는 최대한 빨리 끝낸다. 최소한 지원 데드라인 6개월 전에 끝내는 것이 좋다. 그래야 다른 서류를 착실하게 준비 할 수 있는 시간이 마련된다.
- 석사학위 논문을 작성해야 하는 상황이라면 학위 논문 준비를 먼저 마무리 짓고 영어 시험 준비 등 다른 과정에 착수하는 것이 좋다. 그렇지 않다면 만족스럽지 못한 지원과정을 밟을 가능성이 높다.
- 회사 생활 등을 통해 자신의 전문성을 어필해야 하는 케이스라면 최소 3년 정도의 근무 경력이 필요하다. 어떤 회사든 최소 3년 정도는 근무를 해야 회사의 사정에 익숙해지고 관련 분야의 전문성이 확보되기 때문이다.

이와 같이 충분한 시간을 가지고 지원 준비를 해야 후회 없는 지원을 할 수 있다. 많은 지원자들이 원서를 넣고 나서 가장 아쉬워하는 부분이 바로 "조금만 더 빨리 준비를 시작했다면 달라지지 않았을까"하는 점이다. 그만큼 시간은 곧 합격확률과 직결된다. 영어시험 점수도, 라이팅 샘플도, 포트폴리오도, 그리고 SOP도 시간이 부족하다면 절대 만족스러운 수준의 결과물이 나올 수 없다. 너무나 많은 미국 대학원 지원자들이 좋은 학교에 가고 싶은 마음만 앞서 지나치게 서둘러 준비하는 경향이 있다. 부디 충분한 시간과 착실한 준비를 통해 합격에 이르는 길을 밟기를 바라는 마음이다.

이번 챕터에 소개할 지원자는 오랜 시간 동안 미국 대학원에 대한 꿈을 키워 미국 최고 대학원에 합격한 케이스이다. 한국에서도 몇 년간 리서치와 근무경험을 쌓았고, 미국에서 대학원을 다니며 전문성을 강화했다. 따라서 박사과정에 지원하는 시점에는 이미 4년 이상 미국 대학원 박사과정지원을 준비한 상황이었다. 그 지독한 학문적 열정과 준비성에 대해 박수를 보내게 된다. 다행인 점은 이 지원자의 SOP가 지원자의 전문성을 아주 충실하게 보여주었다는 것이다.

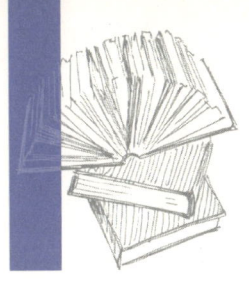

## 2. 미국 대학원 합격을 위해 살펴볼 지원자의 강점과 약점들

➕ 지원자의 강점들

▶ 우수한 GPA

: 학부와 대학원 GPA 모두 우수했다. 특히 미국 대학원에서 받은 학점이 좋아서 박사과정 지원에 큰 힘이 되었다. 흔히 이런 질문을 하는 지원자들이 있다. 좋은 학교에서 받은 GPA가 명성이 떨어지는 학교에서 받은 비슷한 수준의 GPA 보다 높은 평가를 받는 것이 아니냐는 것이다. 틀린 말은 아니다. 하지만 그 차이는 생각보다 크지 않다. 하버드를 나왔다고 하더라도 GPA가 하버드 졸업생들 중에서 평범한 수준이었다면, 미국 대학원은 50~60위권 학교 출신이라도 수재 냄새가 물씬 풍기를 지원자를 뽑는다.

믿기 어렵다면 미국 대학교의 교수들 면면을 하나하나 따져보라. 그들이 학부와 석사 그리고 박사를 어디에서 밟았는지 천천히 살펴보면 이 말을 이해하게 될 것이다. 어떤 교수들은 하버드 학부를 나왔지만 결국 박사는 평범한 학교에서 받고 학위를 받은 학교보다도 못한 학교에서 교수를 하기도 한다. 이 경우는 각각의 학위 과정에서 GPA가 좋지 않았다는 증거이다. 반면 학부는 시골의 작은 학교를 나왔는데 석사는 전국적으로 이름이 알려진 명문 주립으로 가고 박사는 예일이나 프린스턴과 같은 학교에서 학위를 받은 교수들도 있다. 그리고 이들 중 일부는 컬럼비아급 이상의 학교에서 재직을 하기도 한다. 이 케이스는 각 학위 과정에서 받은 GPA가 모두 최고 였다는 뜻이다. 그만큼 미국은 여러 단계를 거쳐 차근차근 학생들을 평가하고 그 과정에서 학교의 이름값보다는 실적에 훨씬 더 큰 비중을 둔다.

이 지원자의 경우에도 미국에서 처음 공부한 대학원은 시골의 이름 없는 학교였지만 결국 미국 최고 프로그램에 합격했다. 위에 말한 점진적 평가 기준이 적용되었기에 가능한 결과이다.

▶ 우수한 리서치 실적

: 미국 대학원에서 이미 지도교수와 학술지에 공동저자로 개제한 논문이 있었다. 지도교수가 가장 아끼는 제자로 학회에도 여러 번 참석해 미국 내 관련 분야 연구자들과 안면도 터놓은 상태였다. 따라서 이 지원자의 지도교수가 써줄 긍정적인 추천서와 이 지원자가 제출할 연구실적 등이 모두 아주 좋은 평가를 받을 가능성이 높았다.

▶ 한국에서의 관련분야 Work Experience

: 초등학교 교사로 3년 이상 근무하며 실무 경험을 쌓았다. 그 과정에 동료 교사들과 리서치 경험을 쌓고 학생들을 위해 헌

신적인 태도를 견지했다. 이런 성실성과 진솔한 마음은 자신이 의도적으로 표출하지 않아도 원서에 자연스레 반영된다. SOP를 읽는 어드미션 커미티는 숙련된 평가자들이기 때문에 억지로 만든 일화를 식별하는 능력이 탁월하다. 반면 이 지원자와 같이 솔직한 마음으로 접근한 지원자들은 좋을 결과를 얻을 가능성이 높다.

## ● 지원자의 약점들

### ▶ 다소 아쉬운 영어 성적

: 다른 모든 것보다 영어 성적이 너무 아쉬웠다. 현행 GRE와 단순 비교가 어려운 면이 있지만 그 환산 점수도 현행 GRE 버벌로 치면 160점에 훨씬 못 미치는 수준이었고, 토플도 100점에 1~2점 모자란 상태라 최상위권 프로그램에 합격한다고 해도 조건부 합격이 될 가능성이 높은 상황이었다. 물론 이런 문제는 합격이 우선인 상황에 걱정할 문제는 아니었지만, 어쨌든 다른 지원자들과 비교했을 때 확실한 약점으로 지적될 만한 요소들이었다.

## 3. Submitted SOP

Statement of Purpose

"I just want to die and turn into foam."

I heard those words in a hospital room from Darany, an 11-year-old Cambodian boy who I had taught at ****** Elementary School in South Korea. He was entirely serious in expressing his belief that his troubled existence on Earth should be cut short. Constantly bullied and abused by his Korean classmates, this vulnerable immigrant child tried to escape harassment by jumping from a second-story window at the school. His failed suicide attempt did not suddenly materialize, but followed a pattern of maltreatment. Darany's classmates had mocked his awkward Korean speech and seemingly outlandish behaviors. His homeroom teacher, never trained in educating immigrant students, did nothing until Darany, his spirit broken, decided the only way out would be to disintegrate into foam, just like the protagonist in Anderson's fairytale *The Little Mermaid*.

Basic ignorance compounded this tragic experience: as I talked it through with the kid and my colleagues, I began to see that this situation could have been averted, and a happier ending reached, if only the teachers knew proper pedagogical techniques, as well as methodology in multicultural education and second language acquisition. But in Darany's case, the damage had been done: it was too late to give this little mermaid a tongue, in the form of a second language that he could use to speak for himself.

Darany's experience completely changed my life course. It brought home the importance of tolerance and understanding other cultures, as well as the need for bilingual and literacy education among foreign students. Together, my colleagues and I created a multicultural curriculum program that included bilingual studies and was aimed at helping all students become better acquainted with the cultural diversity surrounding them. My active engagement led my school to earn the *Educational Innovation Program Award*. Through this program, I acquired and developed a wide array of skills in bilingual and literacy education, but I recognized I needed greater professional knowledge and capability in the field. For this reason, I decided to deepen my expertise in bilingual and literacy education and multicultural education ultimately enrolling in ****** University, where I sought an advanced degree in multicultural education.

In my Master's program, I studied critical multiculturalism and critical pedagogy under Dr. Louis Lambert, who emphasized the potential for education to pursue social justice while liberating people from different forms of oppression. In my graduate project, under Professor Lambert's guidance, I found that the Korean elementary social studies curriculum neither promoted mutual respect among diverse ethnic and cultural groups nor properly addressed issues of student equity. This finding made clear that Korean elementary school's multicultural education model failed to aid in the education of students from different cultural backgrounds. In addition, I studied the processes of second language acquisition, including the influences of linguistic, cognitive, and sociocultural factors, as well as the relationship to first language acquisition, under the direction of Professor Eliana Eleanor Leaky. She emphasized critical discourse analysis and critical language awareness (CLA). I gained a better understanding of the components of the CLA, which frame and legitimate the ideology underlying a discourse. Through these courses, I honed my research skills and found my own perspective as a transformative educator, grounded in both the inadequacies of multicultural education practice and the need for better literacy education.

In order to further my knowledge of literacy education and realize my passion for promoting literacy education for students from different cultures, I have chosen to pursue a doctoral degree at Cornell University. Through my research experiences, I have come to recognize the graduate program for its strong background on critical language education, its exploration of interrelationships between culture, power, and society, and its high-quality scholarly field research. I am especially interested in learning about socioculturally sensitive linguistic learning and teaching approaches. The program offers outstanding courses regarding the critical pedagogy on language education in social, cultural, and political contexts, as well as the relationship between language learning and program development in critical literacy education. In addition, the LLC program has many faculty members who are leading scholars in the field. This broad variety of strengths led me to choose the program, which will bring me closer to my goal of synthesizing various developmental, cognitive, social, and cultural factors of literacy and finding contextualized methodologies and strategies for learners from diverse social and cultural backgrounds.

I am interested in developing a literacy education program for pre-service teachers that is critically and culturally responsive to students' needs. Dr. Linda Walsh's interest in teacher development, language socialization and development, and her focus on issues of social justice and social reconstruction dovetail with my intended doctoral research and career interests. I am highly familiar with her work, having read it as part of my graduate research. I strongly agree with her approaches, grounded in Vygotskian and Bakhtinian theories, that teachers need to help students develop a "collective zone of proximal development" while teacher education, meanwhile, should promote social equities in order to extend adequate educational and life opportunities to the marginalized and the vulnerable. I also completely agree with her perspective that teachers need to develop not only professional knowledge and capacities, but also their own critical lens to examine binaries and hierarchies embedded / embodied in their work while building up supportive professional networks for themselves.

Based on her body of research, I would like to develop the following elements in my dissertation: (1) a critical philosophical framework; (2) a program structure embracing the values and principles of critical literacy education and critical pedagogy while providing clear models for their implementation; and (3) practical practicum modules that provide opportunities for students to apply and reflect what they have learned in their pre-service course. For this research, I have reviewed the literature about the history and contents of the graduate program and language teacher education. I have conducted qualitative and participatory research methods in order to hear various points of view from pre-service teachers. The research will be very useful to pre-service teachers in developing a critical understanding of literacy education and helping them prepare a cross-cultural classroom environment that would greatly aid in the empowerment of students who are part of an ethnic minority.

As noted in Darany's experience at the beginning of this statement, my interaction with immigrant students who suffered language acquisition and adaptation problems was the beginning of a long intellectual journey. I envision Cornell as the next stop on this trek — a stop that will advance my individual and professional development and bring me closer to my goal of helping more students in Korea receive the quality literacy education they deserve.

*Northwestern University*

# 4. SOP 분석

『 강인한 인상을 줄 수 있는 소재 』

"I just want to die and turn into foam."

I heard those words in a hospital room from Darany, an 11-year-old Cambodian boy who I had taught at ****** Elementary School in South Korea. He was entirely serious in expressing his belief that his troubled existence on Earth should be cut short. Constantly bullied and abused by his Korean classmates, this vulnerable immigrant child tried to escape harassment by jumping from a second-story window at the school.

소개된 일화는 100% 실화이다. 충격적인 이 사건은 비록 안타까운 일이었지만 지원자의 학문적 여정을 결정지은 중요한 사건이기도 했다. 이 정도의 충격적인 사건을 경험한 지원자는 많지 않은 것이 사실이지만, 자신이 직간접적으로 경험한 여러 일들을 차근차근 돌아보면 충분히 어필이 될 만한 소재를 찾을 수 있다. 소소한 일이라고 해도 어떻게 해석하느냐에 따라 충격적인 일이 될 수도 있고, 아무리 충격적인 일이라고 해도 아무런 의미 없는 사건일 수 있기 때문이다.

*Duke University*

『 빠른 소재 전환 』

> Basic ignorance compounded this tragic experience: as I talked it through with the kid and my colleagues, I began to see that this situation could have been averted, and a happier ending reached, if only the teachers knew proper pedagogical techniques, as well as methodology in multicultural education and second language acquisition.

지원자는 anecdote를 소개한 이후 바로 다음 단락에 학문적 지향점을 연결시켜 본론에 뛰어들었다. 이렇게 강력한 일화에서 학문적 소재로 글의 흐름을 자연스레 전환시킨다면, SOP를 읽는 어드미션 커미티의 시선을 완전히 사로잡을 수 있다. 이 지원자를 합격시킨 어드미션 커미티들은 평가과정에서 감탄을 금치 못하며 이 글을 읽었을 것이다.

『 커리어와 실적 강조 』

> Together, my colleagues and I created a multicultural curriculum program that included bilingual studies and was aimed at helping all students become better acquainted with the cultural diversity surrounding them. My active engagement led my school to earn the *Educational Innovation Program Award*. Through this program, I acquired and developed a wide array of skills in bilingual and literacy education, but I recognized I needed greater professional knowledge and capability in the field.

지원자는 적절한 시점을 놓치지 않고 경력 상의 강점을 어필했다. 일견 쉬워 보일 수 있지만, 이 과정에서 놓치지 말아야 할 것은 글의 자연스러운 흐름을 유지시키는 것이다. 뜬금없이 이런저런 내용이 섞여 들어가면 SOP가 레주메의 확장판이 되기 쉽기 때문이다. 따라서 이 지원자와 비슷한 방식으로 SOP를 작성하고 싶은 경우는, 글을 쓰는 와중에도 글의 흐름에 대한 검토를 여러 번 해보아야 한다.

『 연구과정에서의 전문성 강조 』

I studied the processes of second language acquisition, including the influences of linguistic, cognitive, and sociocultural factors, as well as the relationship to first language acquisition, under the direction of Professor Eliana Eleanor Leaky. She emphasized critical discourse analysis and critical language awareness (CLA). I gained a better understanding of the components of the CLA, which frame and legitimate the ideology underlying a discourse. Through these courses, I honed my research skills and found my own perspective as a transformative educator, grounded in both the inadequacies of multicultural education practice and the need for better literacy education.

이 내용을 읽은 어드미션 커미티는 지원자가 자신이 연구하는 분야에 대한 전문성이 확실하다는 인상을 받았을 것이다. 그 이유는 언급한 사항이 '매우 구체적'이기 때문이다. 구체성은 전문성의 또 다른 이름이다. 구체성이 떨어지는 학문적 소재를 사용하는 것은 오히려 전문성이 떨어지는 것으로 비추어지기 쉽다. 이 지원자와 유사한 방식의 SOP 작성을 고려하고 있는 지원자들에게 큰 도움이 될 내용이라 생각된다.

Rice University

「 논문 플랜의 공개 」

> Based on her body of research, I would like to develop the following elements in my dissertation: (1) a critical philosophical framework; (2) a program structure embracing the values and principles of critical literacy education and critical pedagogy while providing clear models for their implementation; and (3) practical practicum modules that provide opportunities for students to apply and reflect what they have learned in their pre-service course.

앞서 지적한 것처럼 미국 대학원에서 어떤 논문을 쓸지에 대한 대략적인 플랜을 SOP에 제공하는 것은 분명 합격 가능성을 올리는데 크게 기여한다. 이 내용이 있는 SOP와 없는 SOP 사이에는 분명한 차이가 존재하기 때문이다. 물론 쓰려고 하는 논문을 지도할 교수가 없는 학교에 지원할 때에는 주의할 필요가 있다. 지도 교수가 지도할 수 없는 주제에 대한 논문을 쓰고 싶다고 쓰는 것은 합격에 부정적인 영향을 줄 수도 있기 때문이다.

『 처음에 제시한 anecdote와의 연관성을 통해 통일성 강조 』

> As noted in Darany's experience at the beginning of this statement, my interaction with immigrant students who suffered language acquisition and adaptation problems was the beginning of a long intellectual journey. I envision Cornell as the next stop on this trek — a stop that will advance my individual and professional development and bring me closer to my goal of helping more students in Korea receive the quality literacy education they deserve.

SOP의 마지막은 도입부에 시도한 anecdote가 환기시키는 문제의식을 다시 한 번 강조하는 것으로 마무리하였다. 이것은 지원자가 충분한 고민의 과정을 거친 후에 해당 일화를 소개했다는 것을 다시 한 번 보여주는 것이다. 지원자는 이를 통해 SOP의 진솔성과 통일성을 확인시켜 주었다. 모든 SOP가 이와 같아야 하는 것은 아니지만 비슷한 글 전개를 고려하고 있는 지원자들은 충분히 참고할 만하다.

### Chapter 6

## 🪶 미국 대학원 지원 이야기
### - 인터뷰를 준비하는 지원자들을 위해

　커뮤니케이션 테크놀로지의 발전으로 최근 미국 대학원은 인터뷰를 활발하게 실시하고 있는 추세이다. 과거에는 지원자를 인터뷰 할 수 있는 방법이 국제전화나 지원자를 미국까지 불러 직접 인터뷰하는 정도밖에 없었다. 하지만 이제는 스카이프 등을 통한 인터뷰가 가능하기 때문에 미국 대학원들은 이를 이용하여 다방면으로 지원자 인터뷰를 시도하고 있다.

왜 인터뷰를 하려는 것일까?

　미국 대학원이 지원자 인터뷰를 하는 이유는 무엇일까? 당연히 지원자에 대해 더 알아보고 싶어서이다. 좀 더 구체적으로 다음과 같은 세 가지 경우가 있다.

### 1. 지원자 평가의 일환으로 당락 여부를 결정하기 위해서

　: 지원자로서는 가슴이 떨리는 인터뷰가 될 수밖에 없다. 이런 목적의 인터뷰는 주로 지원 후 1~2달 사이에 이루어지는 경우가 많다. 예를 들어 12월 15일이 해당 미국 대학원 원서

마감일 이었다고 한다면 2월 정도, 늦어도 3월 정도에 실시하게 되는 인터뷰가 이런 목적의 인터뷰에 해당한다. 인터뷰의 목적이 지원자의 당락을 결정하기 위한 공식적인 절차라면, 미국 대학원은 지원자에게 인터뷰의 목적이 '지원자를 평가하기 위한 것'이라는 메일을 보내기도 한다. 하지만 그런 특별한 안내 없이도 당락과 관계된 인터뷰가 진행될 수 있다. 따라서 지원자 입장에서는 인터뷰의 목적을 확실하게 구분할 방법이 없기 때문에 무조건 최선을 다할 수밖에 없다. 질문 과정에서 지원자의 연구 성과에 대한 구체적인 질문이 이루어지거나 미국 대학원에서 작성할 논문계획에 대한 질문이 다수 이루어진다면 당락과 관계된 인터뷰일 가능성이 높다.

## 2. 지도 교수가 미리 연구지도를 하기 위한 목적으로

: 한편 당락과 관계없이 이미 합격이 결정된 후 지도교수가 지원자를 좀 더 알아보기 위해 진행하는 인터뷰도 있다. 이 경우는 하루라도 빨리 지원자를 미국 대학원 생활에 적응시키고 미국에 오기 전까지 필요한 연구준비를 시키려는 의도가 깔려 있다. 당연히 이것저것 시키는 것들이 많을 것이다. 지원자의 연구 성과보다는 앞으로 해야 할 일들에 대한 안내가 주를 이루게 된다. 만약 이런 형태의 인터뷰가 진행된다면 당락과는 상관없는 실무적인 목적의 인터뷰라 보면 된다. 당락 여부가 통보되기 전에 이루어져서 지원자를 혼란과 걱정에 빠뜨리기도

하는데, 4월 이후에 인터뷰가 이루어진다면 당락보다는 주로 이런 목적의 인터뷰일 가능성이 크다.

3. 재정지원이나 지원자의 미국 생활을 도와주기 위해서

: 합격은 결정되었어도 재정지원 여부는 불확실한 경우가 있다. 또한 지원자가 미국에서 어떻게 생활하게 될 것인지에 대해 도와주려는 의도로 지도 교수가 먼저 연락을 취하는 경우도 있다. 비교적 친절한 의도로 진행되는 인터뷰인데, 실상 인터뷰라기보다는 리셉션 성격의 대화라고 보면 된다. 편안한 마음으로 친절하게 절차에 따르면 된다.

인터뷰 질문으로는 어떤 것들이 있을 수 있을까?

너무나 많은 경우의 수가 있을 수 있겠지만 아래와 같은 질문들이 가장 빈번하게 나올법한 인터뷰 질문들이다. 여기서는 당락을 결정하게 될 인터뷰를 중심으로 질문을 뽑아보았다. 아무래도 지원자들이 가장 궁금해 하고 중요하게 생각할 인터뷰이기 때문이다.

▶ Why did you choose our program?

: 가장 전형적인 질문이다. 우선 대답을 "Because the program the department offers is the best..."와 같은 방식으로 시

작해서 이야기를 풀어나가면 된다. 이 세상에 칭찬을 듣기 싫어하는 사람은 없기 때문이다.

▶ Tell us about yourself.

: 이것은 어디서 태어났고, 어디서 자랐는지 등 개인 신상에 관한 질문이 아니다. 이와 같은 질문들은 이미 원서에 다 표기되어 있다. 이 질문은 연구자로서의 신상을 묻는 것이다. "I'm interested in ……"과 같이 어떤 연구 분야에 관심이 있는지로 시작해서 "I received my bachelor's degree in psychology at SNU"와 같이 연구자로서의 프로파일을 밝혀나가는 것으로 이야기를 풀어나가면 된다.

▶ Describe your research projects you've conducted or will conduct.

: 이 질문에 대한 대답은 사람마다 다를 것이다. 하지만 가장 자신이 있는 분야일 테니 그 동안 진행한 연구 분야에 대한 답변과 앞으로의 플랜을 자신감 있게 설명하면 된다.

▶ How will you contribute to our program?

: 이런 질문에 답하기 참 막연한 것이 사실이다. "내가 대단한 사람도 아닌데 어떻게 미국 대학원에 기여할 수 있을까" 하는 생각도 들 것이다. 하지만 스스로에게 자신감을 가져야 한

다고 다독여라. 미국 문화는 자신감 부족을 곧 능력 부족으로 여기는 경향이 있다. "I would like to share my research skills and knowledge with peer students"와 같이 내가 어느 정도는 대단한 사람이라서 실제 할 수 있는 대단한 일이 있다고 스스로에게 최면을 건 후 자신 있게 답변해야 한다. "I would like to be an inspiration to other students"라고 해도 좋다. 뒤로 물러서지 말고 힘있게 말해야 한다.

▶ Tell me about the most challenging conflict you've faced and how you overcame it

: 지원자마다 답변이 다를 수는 있지만 기억해야 할 점은 패배자의 심리로 답변해서는 안 된다는 것이다. 자신 있게 어려움을 극복한 이야기를 해야 하고 거기서 얻은 경험으로 어떤 리서치도 해낼 자신이 있다고 말해야 한다. "I feel great about myself." 혹은 "I assure you that I can ... "과 같이 상대에게 자신을 믿고 선발해달라는 메시지를 끊임없이 보내야 한다.

▶ What are your career goals?

: 이에 대한 답변은 지원자 본인이 가장 잘 알고 있을 것이다. 자신 있게 자신의 커리어 플랜에 대해 이야기하면 된다.

▶ Tell me about your strengths and weaknesses.

: 이 답변은 강점과 약점이 50:50 이어서는 곤란하다. 강점 80%에 약점 20%정도라고 생각하고 답변을 준비하는 것이 좋다. 인터뷰는 지원자 스스로를 홍보하는 자리라는 것을 잊지 말자. 긍정적인 부분을 더 많이 이야기해야 한다.

▶ Where else have you applied?

: 솔직하게 대답하면 된다. 단 많은 한국인 지원자들이 10개 이상의 학교에 지원하는데 이 숫자는 줄여서 말하는 것이 좋다. 미국인 지원자들은 대개 5~8개 정도의 학교에 지원하는 경우가 많기 때문에 너무 많은 곳에 원서를 제출한 것을 알면 신실성이 떨어지는 지원자라고 생각할 가능성도 있다. 인터뷰를 진행하는 학교와 학문적 수준이 비슷한 학교 1~2곳을 말하고, 그보다 못한 학교 3곳 정도를 언급하는 것이 좋다. 분명 "합격하면 우리 학교에 올 것이냐?"라는 질문을 할 것이다. 그 경우 "Sure. Brown is my first choice."라는 식으로 지도교수에게 확신을 심어주어야 한다.

▶ How will you finance your education?

: 지원자 마다 상황이 다를 수 있겠으나 재정지원이 필요하다는 말을 하고 싶다면 "I hope the department will fund me."와 같은 말을 겁내지 말고 해도 좋다. 다만, 돈을 안주면 가

지 않겠다는 취지의 말, 즉 "I will turn down admission, if I don't get PhD funding"과 같은 표현을 너무 직접적으로 사용하는 것은 자제할 필요가 있다.

▶ What research skills do you think you need in order to complete your dissertation?

: 자신의 지닌 리서치 스킬을 신나게 설명하면 된다. 자신감 있게 말하면 큰 문제는 없을 것이다.

▶ Why should we choose you?

: 바로 위의 답변의 연장선상에서 자신이 보유한 리서치 스킬을 중심으로 얼마나 준비된 연구자인지를 보여주면 된다. 또 빨리 논문을 마치도록 최선을 다할 것이라는 말도 덧붙이는 것이 좋다. 미국 대학원은 논문 작성을 미루는 학생들 때문에 골치아파한다. 자신을 뽑으면 이런 걱정은 하지 않아도 된다는 말을 해주어서 합격확률을 올리는 것도 중요한 요령이다.

▶ What questions do you have for us?

: "Is there anything I have to prepare in advance?"와 같은 답변이 가장 안전한 답변이 될 것이다. 무조건 질문이 없다고 답하는 것은 피하는 것이 좋다. 너무 성의가 없어 보일 수 있기 때문이다. 영어가 능숙치 않은 경우에는 이런 오해를 더 사

기 쉽다. 따라서 질문 하나 정도가 필요하다면 위에 제시한 맥락의 질문을 던지는 것이 좋다. 그럼 상대가 알아서 할 말을 할 것이고, 요구사항을 받아들이면서 인터뷰를 마치면 된다.

  인터뷰 상황은 너무나 가변적이기 때문에 완벽하게 대비하려면 가능한 여러 상황을 시나리오로 만들어서 답변을 준비해 보는 것이 좋다. 물론 이에 앞서 영어로 말하는 훈련을 많이 해봐야 준비한 대본이 빛을 발할 것이다. 인터뷰 단계까지 왔다면 이미 합격을 했거나, 합격에 근접한 상황일 것이다. 이제 한 두 걸음 정도만 더 떼면 미국 대학원에 갈 수 있다는 뜻이기도 하다. 여기까지 오게 된 모든 지원자들의 행운을 빈다.

Finnguil Williams

# 학문적 접근법의 가장 훌륭한 예

# 1. 이 지원자를 통해 무엇을 배울 수 있을까?

마지막 장에 소개할 지원자는 학자의 길을 충실히 걷고자 하는 지원자이다. 미국 대학원에 가려는 대부분의 지원자가 학자의 꿈을 키워가는 사람들이라는 것을 생각할 때, 이 지원자의 지원 샘플은 시사하는 바가 더욱 크다 할 수 있을 것이다. 특히 이 지원자는 합격이 힘들다는 인문사회 계열 전공 중에서도 가장 합격이 어려운 서양철학 전공자이다.

일반적으로 미국 대학원 지원 시 인문사회 계열이 여타 계열보다 합격이 어려운 경우가 많다. 그 첫 번째 이유는 영어 성적을 좀 더 까다롭게 보기 때문이다. 토플이나 GRE 버벌 평균이 여타 계열 지원자들보다 훨씬 높다는 것은 이미 잘 알려진 사실이다.

또 한 가지 이유는 모집인원이 적다는 것이다. 재정이 비교적 풍부한 공학이나 자연계열의 경우에는 수 십 명, 많게는 100명에 가까운 합격생을 뽑는 프로그램을 찾는 것이 어렵지 않다. 하지만 인문사회 계열의 경우에는 많이 뽑아봐야 20~30명 정도이고, 10명 이내의 학생만 합격시키는 프로그램도 적지 않다. 그렇다면 내가 지원하려는 전공은 합격이 얼마나 어려운 전공일까? 다음은 미국 대학원 지원 시 합격이 어려운 전공을 가늠해볼 수 있는 기준들이다.

▶ 영어능력이 논문을 쓰는데 결정적인 영향력을 미치는가.

: 만약 그렇다면 합격이 어려울 가능성이 높다. 이런 이유로 대부분의 인문사회 전공이 공학이나 자연과학 전공보다 합격이 어려울 가능성이 높다. 같은 인문사회 전공 중에서도 영문학이나 서양철학과 같이 고도의 영어 능력이 필요한 전공일수록 합격이 더 어렵다.

▶ 동양인이 연구하기에 불리한 학문인가.

: 동양인에 대한 일종의 불신감 같은 것이 작용할 가능성이 높은 분야일수록 합격이 어렵다. 예를 들어 중문학과 영미문학은 같은 문학이지만 합격확률이 하늘과 땅 차이다. 영미문학 교수들은 기본적으로 동양인 지원자에 대한 불신이 있는 경우가 많다. 같은 이유로 동양철학과 서양철학은 같은 department로 합격하지만 전혀 다른 기준으로 한국인 지원자를 평가한다.

▶ 학과의 재정이 풍부한 편인가.

: 공학계열의 전공은 재정이 풍부할 가능성이 높다. 그렇다면 TA는 물론 RA 자리를 얻는 것 역시 어렵지 않기 때문에 보다 많은 지원자에게 합격 혜택이 돌아간다. 처음에 재정지원을 받지 못했어도 합격 후에는 재정지원을 받는 것이 그렇게 어렵지 않다. 반면 철학이나 역사학 전공과 같이 그야말로 학생들을 가르

치는 것 이외에 대학원생을 써먹을 방법이 없는 인문계열 순수학문의 경우에는 재정지원을 해줄 방법이 막막해 학생 자체를 많이 뽑지도 않는다. 처음에 재정지원을 약속받고 합격하지 못했다면, 추후에 전폭적인 재정지원을 해줄 것이라 기대하기 어려운 경우가 많다.

따라서 이 지원자의 케이스를 통해 다른 후배 지원자들은 철저한 준비로 자신의 약점을 뛰어넘는 지혜를 배울 수 있을 것이다. 그 핵심은 SOP와 라이팅 샘플이다. 이 지원자는 처음부터 끝까지 학자로서의 리서치 스킬을 철저하게 어필함으로써 합격에 이르는 길을 열었다. 미국에 살아본 적도 가본적도 없는 순수 토종 한국인 지원자가 가장 어렵다고 하는 정통서양학문 전공으로 미국대학원에 합격할 수 있었다는 것은 곧 다른 지원자들도 그렇게 할 수 있다는 뜻이다. 이 지원자의 지원샘플을 살펴볼 모든 이들에게 철저히 준비하면 모두 이 지원자처럼 합격의 감격을 누릴 수 있다는 격려의 말을 전하고 싶다.

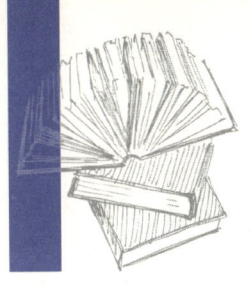

## 2. 미국 대학원 합격을 위해 살펴볼 지원자의 강점과 약점들

### ➕ 지원자의 강점들

▶ 잘 준비된 GPA

: 학부 GPA가 생각보다 낮아 걱정이 컸지만 석사를 받은 한국 대학 측의 정책적 배려가 있어 좋은 GPA를 제출할 수 있었다. 중도에 포기한 과목이나 낙제점을 받은 과목은 영어 성적표 에서 제외시켜주는 학교 측의 정책적 배려 덕분에 한국어 성적표 기준으로 3.5 (4.0 환산기준) 정도에 불과했던 GPA가 3.7 이상으로 전환되었다.

▶ 우수한 라이팅 샘플

: 지원과정에서 지원자와 가장 공을 들인 부분이다. 주제 자체가 워낙 어렵다보니 지원자가 적합한 영어 표현을 찾는 와중에 많은 시행착오를 겪었다. 전체적으로 여러 번 검토하고 다시 써 주어야 하는 번거로움이 있었지만 결과적으로 우수한 라이팅 샘플이 완성되었다는 점에서 만족스러운 과정이었다.

▶ 지원자의 성과를 잘 보여준 SOP

: 학문적으로 준비가 잘 된 지원자였기 때문에 비교적 빠른 시간 내에 훌륭한 SOP가 나올 수 있었다. 분명한 학문적 방향성과 착실한 라이팅 샘플 준비가 SOP를 쓰는데 걸리는 시간을 많이 줄여주었다.


● 지원자의 약점들

▶ 충분하지 못한 영어시험 성적

: 토플점수가 대부분 학교의 지원 미니멈을 간신히 넘은 정도였다. GRE 버벌 역시 160점을 넘지 못했기 때문에 서양철학 전공지원자로서는 큰 불리함을 안고 지원하는 상황이었다.

▶ 추천서 문제

: 좋은 추천서를 써줄 것처럼 운을 띄웠던 추천인 중 몇 분이 원서 작성 시기가 되자 입장을 바꿨다. 이른바 "사실대로 써주겠다" 혹은 "나 보다는 더 좋은 추천인이 있지 않겠냐"는 전형적인 회피형 반응이었다. 이것은 이 지원자만 겪는 특별한 상황은 아니었음으로 안심을 시키고 좋은 추천서를 써줄 것이 확실한 분들 위주로 추천서를 꾸리기로 했다. 전공과 직접적으로 관련된 교수들로부터 좋은 추천서를 받을 수 없게 되었다는 점은 두고두고 아쉬움으로 남았다. 다른 지원자들도 추천인이 이와 같이 돌변

하는 상황에 대비할 필요가 있다.

University of Maryland

# 3. Submitted SOP

**Statement of Purpose**

"Artificial Virtue naturally emerges."

- David Hume

Inviting philosophers to the arena of conflicts on philosophical justifications on private property, this short sentence that Hume wrote contains the essence of his theory. While reflecting on the probability of conciliation between liberalism and social contract theory in the milieu of modernity, I felt an insurmountable gravitational force that drew me to Hume's moral philosophy through which I tried to explore the capitalist nature of the modern world. As my research progressed, I became assured that this research, to which I decided to dedicate my career, bears important social and economic repercussions in Korea.

At the scene of fatal accidents that incessantly took the lives of inexperienced young workers subcontracted for dangerous jobs such as metro maintenance, shipbuilding, and automotive manufacturing, I realized that no previous study in Korea had cast light on the philosophical justification for such a draconian capitalist system originating from some of the critical ideas of the Scottish Enlightenment thinkers. I feel that my responsibility lies in exploring such aspects of eighteenth-century philosophy and leading to a better understanding of them for a wider Korean civil society.

My admission to the master's program gave me an opportunity to write an article for the Journal of Philosophy. After reading Hume for over ten months, I decided to stand up against Hume's philosophical attempt to reconcile his own two contradictory concepts: theoretical skepticism and practical conservatism. In retrospect, it was my first academic trial to expound a limitation in Hume's idea of artificial virtues. After reading my article titled "Objectivity of Moral Judgments in Hume's Moral Philosophy," a senior researcher encouraged me to fully develop my critical analysis sketched in the paper, an argument that aimed to mitigate Hume's moral conservatism.

High-spirited but unruffled by the solemn significance that my academic task bears, I continued to research my master's thesis. For the following two years, my deepest academic interest was demonstrating the contradictions inherent in Hume's concept of artificial virtue and his concurrent claim that private property is the first and foremost artificial virtue. In regards to what I grouped as the naturalistic and the contractarian approaches to artificial virtues, I learned a lot from reading Annette Baier and David Gauthier. Basing my arguments on Gauthier's contractarianist views, I asserted that objects and limits of private property in Hume's ethics, as opposed to those which Hume himself proposed, become more and more fluid in different forms of social agreement.

At Indiana University, I would like to write a dissertation that will set up a new philosophical stage on which old discourses of early modern moral and political philosophy will expand themselves towards a new theory of justice. Thoroughly delving into Enlightenment philosophers including Hume, my dissertation will try to reconcile dichotomy of alleviating rampant economic inequality in modern commercial society and incorporating original insights suggested in the eighteenth century into modernity's quest for economic liberalism.

For this, I set two important goals of my dissertation. One is developing a philosophical approach that attempts to draw an unprecedented distinction between public and private spheres. Revolving around the spate of disputes between thinkers of liberalism and communitarianism on modern concepts of justice, my dissertation will also try to break new philosophical ground, relying less on a concept of private property. The other is building a conciliatory coexistence between contractualism and liberalism, eliminating authoritarian and totalitarian attributes appearing in the discourse of political philosophy in contractarianism.

I believe IU provides me with an ideal education to develop and broaden my research interests. In particular, Professor Davidson's specialty in Hume's moral philosophy will galvanize me to further study her argument on social justice and the foundation of public sphere. Moreover, her research interests in the history of modern moral philosophy that include the British moralists and the Scottish Enlightenment thinkers will enrich my dissertation in terms of better understanding the historically and culturally extended contexts.

Writing this statement of purpose, I already feel confident that I will grow and mature in becoming a professional philosopher through the advices I receive from her and the courses I take at IU. As my statement and writing sample demonstrate, I am completely dedicated to my research topic and the graduate program. At IU, I would like the opportunity to explore and expand my capacities.

I look forward to joining your program. Thank

you for your time and consideration.

*University of Pittsburgh*

## 4. SOP 분석

『 논문의 핵심을 압축적으로 소개한 도입부 』

: 지원자는 SOP의 도입부에 자신의 연구 주제를 강조할 수 있는 인용구를 사용했다. 이와 같은 도입부는 지원자가 어떤 내용을 전개할지 예측하기 어렵게 만드는 효과가 있다. 따라서 어드미션 커미티는 글의 결론을 들여다보기 위해 SOP를 계속 읽을 수밖에 없게 된다. 지원자가 어떤 의도로 인용구를 글의 도입부에 배치했는지는 이 SOP를 좀 더 읽지 않고서는 알 수 없다는 것이다.

**Statement of Purpose**

"Artificial Virtue naturally emerges."
-David Hume

Inviting philosophers to the arena of conflicts on philosophical justifications on private property, this short sentence that Hume wrote contains the essence of his theory.

*University of Massachusetts-Amherst*

『 리서치 주제에 대한 개인적 관심과 사회적 책무 사이의 연결 고리 형성 』

: 모든 인문사회 연구자가 관심을 가지고 지켜봐야 할 대목이다. 인문사회 연구의 목표는 사회를 발전시키거나 개선시키는 것이다. 연구 대상에 대한 전문성과 개인적 관심분야를 강조하는 SOP를 쓰는 것은 물론 중요하다. 하지만 SOP의 또 다른 목표는 연구자의 연구가 사회에 기여할 수 있는 부분이 있다는 것을 보여주는 것이다. 아래의 문구는 지원자의 그런 생각을 함축적으로 보여주고 있다. 그리고 이어지는 단락에서 한국사회의 노동문제와 사유재산문제가 지원자의 연구 분야인 18세기 계몽철학과 어떻게 연계되어 있는가를 보여줌으로써 자신의 생각이 상아탑 밖에까지 이르고 있음을 시사했다.

> As my research progressed, I became assured that this research, to which I decided to dedicate my career, bears important social and economic repercussions in Korea.

『 석사논문으로 이어지는 연구 주제 선택의 이유 설명 』

: 전문성 있는 연구를 강조하는 가장 효과적인 방식은 오랫동안 해당 연구를 진행해왔음을 보여주는 것이다. 이 지원자는 석사논문 주제선택이 오랜 기간 동안의 준비과정을 통해 이루어진 것임을 강조하고 있다.

> My admission to the master's program gave me an opportunity to write an article for the Journal of Philosophy. After reading Hume for over ten months, I decided to stand up against Hume's philosophical attempt to reconcile his own two contradictory concepts: theoretical skepticism and practical conservatism. In retrospect, it was my first academic trial to expound a limitation in Hume's idea of artificial virtues.

『 석사논문의 압축적 요약과 자신의 주장 설명 』

: 대부분의 경우 어드미션 커미티는 라이팅 샘플을 꼼꼼히 살피지 않는다. 너무 많은 지원자들의 원서를 검토해야 하기 때문에 라이팅 샘플을 살피는 작업은 지도교수가 될 사람에게 넘기고 자신들은 보다 정량적인 자료들을 위주로 지원자를 추린다. 따라서 이 단계에서는 라이팅 샘플이 아닌 SOP가 입학사정 관문을 넘기 위한 가장 중요한 원서자료가 된다. 만약 여기서 자신의 논문 내용을 확실하게 어필할 수 없다면, 그래서 지도교수에게 논문이 읽히기 전에 탈락자 명단에 오르게 된다면 열심히 작성한 라이팅 샘플은 그야말로 무용지물이 된다. 따라서 이 지원자와 같은 방식으로 SOP에 석사 논문의 내용을 압축적이고 명쾌하게 설명할 필요가 있다. 지도교수에게까지 자신의 원서가 도달하길 바란다면 말이다.

> In regards to what I grouped as the naturalistic and the contractarian approaches to artificial virtues, I learned a lot from reading Annette Baier and David Gauthier. Basing my arguments on Gauthier's contractarianist views, I asserted that objects and limits of

private property in Hume's ethics, as opposed to those which Hume himself proposed, become more and more fluid in different forms of social agreement.

『 앞으로 쓸 대학원 논문의 주제를 설명한다 』

: 다음 단계는 대학원에서 어떤 논문을 쓸 것인지를 밝히는 것이다. 쉽게 말해 '준비된 지원자'라는 것을 보여주라는 것이다. 이 지원자의 경우 이어지는 단락에 박사논문의 개요를 서술해서 이를 명확하게 제시하고 있다.

Thoroughly delving into Enlightenment philosophers including Hume, my dissertation will try to reconcile dichotomy of alleviating rampant economic inequality in modern commercial society and incorporating original insights suggested in the eighteenth century into modernity's quest for economic liberalism.

『 라이팅 샘플 (혹은 포트폴리오)에 자신이 있다는 것을 밝힌다 』

: 합격확률을 확실하게 끌어올리는 방법이다. 이렇게 하면 관심이 없던 어드미션 커미티의 교수들도 몇 장이나마 지원자의 라이팅 샘플을 들춰볼 가능성이 생긴다. 그리고 이 사소한 차이가 당락을 바꾸어 놓을 수도 있다.

> As my statement and writing sample demonstrate, I am completely dedicated to my research topic and the graduate program.

*Fordham University*

## Chapter 7
## 🪶 미국 대학원 지원 이야기
– 라이팅 샘플(혹은 포트폴리오)과 미국 대학원 합격

<u>사실 많은 지원자들이 미국 대학원에 지원할 때 라이팅 샘플과 포트폴리오를 제출해야 한다는 사실 자체를 모르는 경우가 많다.</u> 그만큼 미국 대학원 진학은 한국인 지원자들에게 생소한 과정이다. 이어지는 내용은 이런 한국인 지원자들을 위한 관련 조언을 담고 있다. 이를 통해 라이팅 샘플과 포트폴리오에 대한 이해를 높이고 원하는 미국 대학원에 합격하기 위한 전략을 고민해보길 바란다.

▶ 라이팅 샘플 (혹은 포트폴리오), 왜 내라는 것일까?

: SOP나 레주메만으로는 지원자의 역량을 제대로 평가하기 어렵기 때문이다. 이 두 가지 서류만으로는 지원자가 구체적으로 어떤 연구를 진행했는지, 또 어떤 리서치 스킬을 지니고 있는지 파악한다는 것이 쉽지 않다. 인문사회 전공자의 경우에는 아무리 SOP를 잘 썼더라도 이것이 대학원에서 논문을 잘 쓸 수 있는 능력이 있다는 보증수표라고 말하기는 어렵다.

그렇다면 논문을 잘 쓸 수 있는 능력이 있는 지원자라는 것을 알아보기 위해서는 어떻게 해야 할까. 당연히 논문을 제출하라고 하면 된다. 이것 이상 확실한 방법이 어디에 있을까. 문제는 개별 지원자의 논문을 다 읽고 당락을 결정하기에는 시간이 너무 촉박하다는 점에 있다. 여러 번 강조하는 말이지만 어드미션 커미티 교수들은 굉장히 바쁜 사람들이다. 때문에 논문을 다 읽을 시간이 없고, 대신 한정된 분량으로 가공된 라이팅 샘플을 내라는 것이다.

포트폴리오도 마찬가지 이유로 필요하다. "어떤, 어떤 프로그램을 다룰 줄 안다" 혹은 "몇 년간의 랩 경험이 있다"는 등등의 말만 가지고 사람을 뽑기에는 아무래도 불안한 것이 사실이다. 따라서 그 동안의 연구 성과를 구체적으로 보여줄 수 있는 포트폴리오가 있다면 내라고 권장하는 것이다.

▶ 제출은 필수일까?

: 라이팅 샘플의 경우에는 해당 프로그램이 제출 여부를 결정하는 경우가 많다. 분량 역시 정확하게 정해주는 경우가 많다. '20 페이지 이상 30 페이지 이내' 등으로 분량이 어느 정도 명확하게 제시되고 double-spaced 등 줄 간격도 정해준다. 게다가 '페이지 마진$^{margin}$ 규격'까지 정해주기도 해서 얼마나 제출해야 하는지는 전적으로 대학원 측에 달려있는 경우가 많다.

내도 좋고 내지 않아도 좋다고 하는 경우도 물론 있다. 이 경우에는 구체적인 지시사항 대신 "만약 제출하고 싶으면 20페이지 이내로 제출하라"는 식으로 분량만 정해주기도 한다. 꼭 내야 하는 것이 아니기에 지원자 입장에서는 고민이 될 만한 상황이다. "자신 있으면 내라"고 말하고 싶다. 쉽게 말해 석사 논문 정도의 퀄리티가 나오는 라이팅 샘플이 있다면 내는 것이 좋다. 물론 한국어로 작성된 글이라면 정교하게 영어로 번역해야 한다. 라이팅 샘플의 경우에는 리서치 능력을 검토하는 것 이상을 넘어 지원자의 영어능력이 얼마나 뛰어난지를 살펴보려는 목적도 있다는 점을 기억해야 한다. 그런 이유로 기본적인 영어 성적과 GPA가 충족된 상태라면 우수한 라이팅 샘플이 판을 뒤집을 수도 있는 변수가 되기도 한다.

포트폴리오의 경우에는 '필수'로 요구하는 프로그램은 그렇게 많지 않다. 다만 "내고 싶으면 내도 좋다"라고 권장하는 곳은 많다. 라이팅 샘플과는 달리 포트폴리오는 "가능하면 내라"고 말해주고 싶다. 라이팅 샘플의 경우에는 '글'로 평가를 받는 구조이기 때문에 애초에 논문 자체가 수준이 높지 않다면 아무리 포장을 잘해도 좋은 평가를 받기 어렵다. 하지만 포트폴리오의 경우에는 사진이나 도표 등등을 통해 자신의 리서치 능력을 입체적으로 포장할 수 있기 때문에 실제 연구성과보다 조금 더 뛰어난 실적으로 연구성과를 '과장'하는 것이 가능하다. 따라서 포트폴리오의 경우에는 제출할 내용이 있다면 제출하는 것이 좋다.

공대나 자연과학 계열의 경우에도 인문사회 계열 지원자와 마찬가지로 논문으로 평가받을 기회가 열려있다. 저널에 게재한 논문이 있다면 이를 제출하는 것이다. 다행인 점은 인문사회 계열과는 달리 공대나 자연과학 계열의 경우에는 영어가 조금 부족해도 논문의 컨텐츠만 우수하면 넘어가주는 경향이 있다는 것이다. 따라서 너무 겁내지 말고 이미 준비된 논문이 있다면 포트폴리오를 업로드 하는 공간에 논문을 대신 업로드하면 된다.

▶ 무엇을 제출해야 할까?

: 앞선 내용의 연장선상에서 라이팅 샘플은 반드시 학부 페이퍼(레포트) 수준 이상이어야 한다. 즉 논문 수준이어야 한다는 뜻이다. 석사논문 혹은 그에 준하는 수준이어야 한다. 학부논문은 기본적인 citation이나 소재 선택 등의 문제에 있어서 논문의 요건을 갖추지 못한 글이 대부분이다. 함량미달이라는 뜻이다. 미국 대학원 지도교수가 보고 싶어 하는 라이팅 샘플은 논문수준의 글이다.

따라서 석사학위를 받은 지원자들의 경우에는 거의 100% 석사논문을 토대로 라이팅 샘플을 준비해야 한다. 학부에서 바로 미국 대학원을 준비하는 지원자들의 경우에는 진지한 리서치 페이퍼를 내야 하는데 4학년 때 작성한 글을 토대로 다시 리서치를 하는 것이 좋다. 데이터 수집이나 기초 자료 수집에 있어 다시 손보아야 할 내용이 많을 것이다.

포트폴리오의 경우에는 자신이 직접 참여한 프로젝트, 출시된 제품이나 출시 준비 중인 시제품, 연구 결과를 요약한 프리젠테이션 자료 등등이 가능하다. 라이팅 샘플이나 논문과 같이 정해진 글 구조를 갖추어야 하는 것이 아니기 때문에 변용과 창의성을 활용할 여지가 훨씬 크다. 이 책 부록<sup>appendix</sup>에 실린 포트폴리오 샘플을 참조한다면 자신만의 우수한 포트폴리오를 준비할 수 있을 것이다.

▶ 어떻게 준비해야 할까?

라이팅 샘플의 경우에는 다음과 같은 사항을 염두에 두고 있어야 한다.

1) 시간이 생명이다.

 : 촉박하게 준비할 수 있는 성질의 것이 아니다. 사실상 논문을 써야 하는 것임으로 최소한 6개월, 경우에 따라서는 1년 정도의 시간을 생각하고 작성에 들어가야 한다. 마지막에 영어로 번역하는 시간 역시 여유 있게 고려해야 한다.

2) 전문가의 검토가 필요할 수 있다.

 : 논문이라는 것이 혼자 작성하는 것이라고는 하지만, 태어

나서 처음 써보는 논문을 자신만의 힘으로 완성시킨다는 것은 사실 어려운 일이다. 따라서 논문의 구조와 내용을 점검해 줄 전문가의 도움이 절실하다. 해당 분야의 연구자가 가장 적합할 터이다. 이런 전문 연구자분들은 매우 바쁜 경우가 많은데, 이 경우 대학원에 다니는 선배들의 도움을 받을 수 있다면 좋은 대안이 될 것이다.

3) 한국어로 작성하는 것 이상으로 중요한 것은 영어번역이다.

: 아무리 좋은 논문이라도 영어번역을 잘 하지 못하면 내용의 절반가량이 유실되는 것과 마찬가지이다. 따라서 한 문장 한 문장 번역할 때 공을 들여야 하는 것은 물론 작성 후에 반드시 영어를 굉장히 잘 하는 사람에게 검토를 받아보는 것이 좋다. 이 프로세스만큼은 절대 혼자 끝내려고 해서는 안 된다. 라이팅 샘플을 읽는 사람은 영어로 써진 내용만으로 지원자를 평가한다는 것을 잊지 말자.

포트폴리오의 경우에는 다음과 같은 사항을 염두에 두고 있어야 한다.

1) 포장이 핵심이다.

: 디테일을 다 전달하는 것이 목적이 아니라는 것을 명심하

자. 컨텐츠의 핵심을 얼마나 매력적으로 전달할 수 있느냐가 관건이다. 따라서 전체 분량이나 글의 양에 집착하기 보다는 전달하려는 내용이 얼마나 매력적으로 보이는 지를 우선 고려 대상으로 생각해야 한다.

### 2) 이미지를 적극적으로 활용하라.

: 포트폴리오의 꽃은 아무래도 이미지이다. 포트폴리오는 지원자의 성과를 시각적인 자료를 통해 효과적으로 전달하려는 목적을 가지고 작성되어야 한다. 따라서 시각적인 자료를 최대한 많이 활용하는 것이 좋다. 시각 자료 옆의 문자 설명은 최소한의 수준으로 제한하는 것이 좋다. 읽어야 할 글자가 많은 포트폴리오는 아무래도 보는 사람을 피로하게 만들기 때문이다.

### 3) 영어도 잘 한다는 것을 보여주다면 더 이상 좋을 수 없다.

: 아무리 포트폴리오가 시각자료 중심의 전달매체라고는 해도 역시 영어의 중요성을 무시할 수 없다. 포트폴리오에 우수한 영어를 구사하면 합격확률이 확실하게 높아진다.

▶ 합격에 미치는 영향력은 얼마나 될까?

: 많은 지원자들이 생각보다 라이팅 샘플이나 포트폴리오의 중요성을 인식하지 못하고 있는 경우가 많다. 하지만 이들 자

료는 객관적인 지표인 영어시험성적이나 GPA 이상으로 합격에 기여하는 바가 크다. 특히 박사과정에 지원하는 지원자들의 경우에는 SOP 이상으로 이들 제출서류에 공을 들여야 한다. 박사과정 선발의 최종권한은 지도교수가 쥐고 있는 경우가 많고, 이들은 영어성적이나 GPA보다는 라이팅 샘플이나 포트폴리오와 같은 비정량적인 자료에 더 많은 관심을 보이는 경향이 있다. 이들의 주요 관심사는 논문을 쓸 수 있는 역량이 있는가의 문제에 맞추어져 있다는 사실을 잊지 말자.

Finnguil Williams

# 우수한 레주메 작성법
*How to Write A Persuasive Résumé*

우수한 레주메는 SOP의 부족함을 보완해주는 레주메이다. SOP는 학문적 성격과 관련한 내용을 중심으로 확실한 주제의식을 지녀야 하기 때문에 잡다한 내용은 제외하는 것이 원칙이다. 하지만 잡다한 내용이라 할지라도 어드미션 커미티에게 어필할 수 있는 여지는 얼마든지 있다. 바로 이런 부수적인 정보들을 포함해 지원자의 모든 커리어를 포괄적으로 제시하는 것이 레주메의 역할이다. 이어지는 내용에는 우수한 레주메를 만드는 방법을 주제별로 제시하려 한다. 실제 미국 대학원에 제출된 우수한 레주메 샘플들을 통해 레주메 만드는 방식을 배워보길 바란다.

1) 레주메의 Heading을 구성한다.

우선 해야할 작업은 레주메에 들어갈 개별 heading을 구성하는 일이다. 고정된 heading 양식이 있는 것은 아니기 때문에 자신을 부각시킬 수 있는 요소를 창의적으로 만들어내면 된다. 다만 맨 처음에는 관례상 Education이 먼저 소개되는 것이 일반적이다. 지원자가 졸업한 학교, 전공, 성적 등의 정보가 여기에 들어가게 된다. 아래의 heading들이 가장 많이 이용된다.

▶ Education
▶ Work Experience
▶ Research Experience
▶ Teaching Experience

▶ Volunteering

▶ Student Clubs and Volunteering

▶ Awards and Honors


e.g.

▶ Education

University of Pennsylvania ‖ Department of Psychology

Master of Arts in Psychology(August 2014 - May 2016)

Grade Point Average: 3.92 / 4.0


University of Notre Dame ‖ College of Arts and Letters

Bachelor of Arts in Psychology(August 2010 - May 2014)

Grade Point Average: 3.84 / 4.0


2) 동사는 과거형이 기본. 그리고 주어는 생략한다.

다음의 예를 참고하길 바란다.

지원자 1

▶ Research Experience

Manipulating Mobile Robot Using Smart Devices
Independent Research Project
Project Manager (April 2011 ~ July 2012)
Robotics and Intelligent System Laboratory, ***** University

- Designed an iPhone/iPad application that controls a mobile robot, receives sensory data from the camera mounted on the robot and visualizes them on the cell phone screen

지원자 2

▶ Work Experience

Wooli (Seoul, South Korea)
Investment Company
Customer Service Manager for Foreigners (February 2014 ~ Present)

- Translated English and German documents into Korean
- Provided interpretation services for foreign customers
- Cooperated with judicial scriveners

## 지원자 3

▶ Teaching Experience

****** Motors (Seoul, Korea)

Intructor (TOEIC) (June 2014 ~ July 2014)

- Instructed more than 100 business persons in preparation for the Test of English for International Communication

## 지원자 4

▶ Volunteering

Jongro Chinese Church Free Clinic (Seoul, Korea)

(January 2011 ~ August 2013)

- Assisted in the pharmacy, distributed medicine and provided guidance to Chinese patients.

3) 자신을 부각시킬 수 있는 Heading을 우선 배치한다.

: 자신이 있는 부분을 먼저 내세우면 된다. 예를 들어 research 와 volunteering에 자신이 있고 work experience 부분이 약하다고 판단되면 아래와 같이 heading을 배치한다.

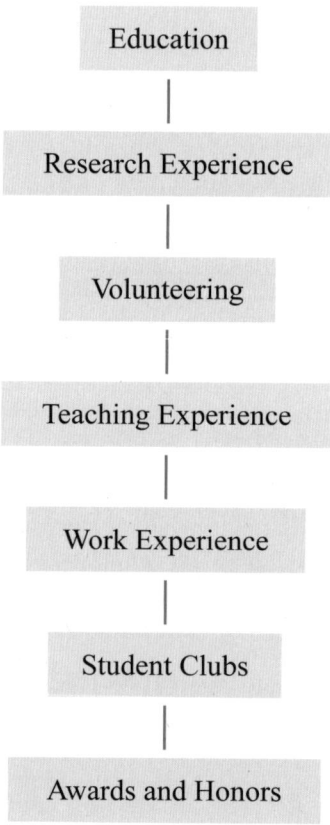

반면 연구경력을 어필하고 싶은 지원자의 경우에는 research experience를 상단으로 끌어올리면 된다.

### 4) 자신에게 불리한 내용은 적절히 감춘다.

: heading을 만들어 놓고 적을 내용이 없다면 이것 역시 난감한 상황이다. 무조건 heading을 많이 만들려고만 하지 말고 풍부하게 채워 넣을 수 있는 내용 위주로 구조를 짜야한다. 만약 넣고 싶은 사항이 있는데 단독으로 heading을 구성하기에 내용이 빈약하다고 판단되면 다른 heading에 통합시켜 빈약한 이력이 강조되지 않도록 해야 한다.

### 5) 너무 잡다한 내용까지 포함시키지 않게 주의한다.

: 레주메의 분량과 관계있는 내용일 것이다. 레주메를 7~8장씩 제출하려는 지원자들이 있다. <u>이렇게 많은 레주메를 다 읽어줄 어드미션 커미티는 미국 대학원 어느 곳에도 없다.</u> 3~4장 정도 안에서 마무리할 수 있도록 레주메를 알차게 꾸며야 한다. 이 정도 분량이 레주메를 읽는 사람이 가장 집중해서 읽을 수 있는 양이다. 만약 이 분량이 훌쩍 넘어버리면 애초에 첫 페이지 정도만 보고 덮어버리려 할 가능성이 생긴다. 다 읽을 엄두가 안 나기 때문이다. 반면 2장 정도만 제출하면 아무래도 다른 지원자들에 비해 다소 빈약하다는 인상을 줄 수 있는 위험성이 있다. 자신만의 적절한 분량에 대한 고민을 할 필요가 있는 것이다.

Finnguil Williams

*Writing A High-Quality Writing Sample*

성공적인 라이팅 샘플

(인문사회 지원자를 위한)

여기에 소개하는 라이팅 샘플은 당락을 뒤집을 만큼 꼼꼼하게 작성된 라이팅 샘플이다. 이와 같이 우수한 영어로 라이팅 샘플을 쓰는 것이 가능한 지원자는 아마 극소수에 불과할 것이다. 하지만 라이팅 샘플은 SOP 이상으로 중요한 제출서류임으로 마지막까지 최선을 다해주길 당부한다.

## *A Consideration on the Two Interpretations of Hume's Theory of Justice*

### Introduction

Justice is a vital virtue that renders humans with the web of social life by determining each member's due share in a society and thus mediating a conflict or a discord between them.[1] Yet people hold different standards which they think are necessary for constituting justice—an inherent disagreement that may result in social conflicts. As an effort to resolve this inevitable incompatibility, a society needs to compose its own rules as fundamental principles constituting justice. As an academic discipline, moral philosophy and ethics must include the concept of justice in their focal point of research.

After the advent of modernity, ideas of what constitutes justice underwent many transformative shifts. As society witnessed its size and complexity increase, the pre-modern conception of justice, symbolized through the phrase "an eye for an eye," gradually disappeared because of the difficul-

---

1) John Rawls, *A Theory of Justice: Original Edition* (Cambridge: The Belknap Press, 2005), 3.

ties in determining the due share among diverse members of society only with intuitive grasp of phenomena by the naked eye. When modern philosophical thinkers contrived various social contract theories, the belief that consented individuals as a building block construct a society began spreading across Europe. This new philosophical trend demonstrates that people in the eighteenth century yearned for an alternative scheme of justice that was yet to be introduced.[2]

An innovative theorist, David Hume represents this philosophical transition from pre-modern to modern. Employing both an experimental approach and realistic hypothesis, he designed his theory of justice and demarcated the sphere of justice, regarding justice as related to private property and material prosperity. These reconciliatory characteristics of his theory help define his prominent position as a modern philosopher and draw both due attention and philosophical inquiries to his theory that reveals a great many transitional processes in the early modern period.

Despite its originality, Hume's definition of justice still remains obscure and ambiguous.[3] This ambiguity, to a certain extent, stems from the unclear explanation that he offered

---

[2] David Johnston, *A Brief History of Justice* (MA: Wiley-Blackwell, 2011), 141.
[3] Michael Slote, "Justice as a Virtue", *Stanford Encyclopedia of Philosophy* (ed. Edward N. Zelta, Fall 2014 Edition), http://plato.stanford.edu/archives/fall2014/entries/justice-virtue.

for defining his concept of justice.[4] Attempting to specify his own theoretical viewpoint, previous studies have approached his idea from two directions: contractarian (or contractual) and naturalistic. This study seeks to review and evaluate these two previous interpretations of Hume. In accordance with his writings on moral philosophy, this study analyzes Hume's concept of artificial virtue, the term he used to insinuate justice. Expounding two separate, meaningful connections that justice forms with convention and sympathy, this study calls the former connection between justice and convention the contractarian approach while framing the latter as naturalistic. Based upon this interpretation, this study explains the vagueness of Hume's idea resulting from his claim that both convention and sympathy may become a foundation of artificial virtue: an exploratory attempt that appears to be self-contradictory. As to his claim that the essence of justice lies in preserving private property, this study suggests two interpretations: 1) sympathy only plays a secondary role for justice; and 2) the contractarian approach renders a better understanding of his philosophical thinking.

---

4) Geoffrey Sayre-McCord, rough draft of "Hume on Artificial Virtue", in The Oxford Handbook of David Hume (ed. Paul Russell, New York: Oxford University Press, 2016), http://philosophy.unc.edu/files/2013/10/Hume-on-the-Artificial-Virtues1.pdf, 1.

## I. Virtue: Artificial and Natural

In his moral philosophy, Hume argues that justice belongs to things that people morally approve of (virtues) whereas injustice belongs to things that people morally disapprove of (injustice). In order for a person to identify authentic characteristics of justice (injustice), they ought to understand and appreciate various features of virtue and vice, for they share the same aspects with justice and injustice. According to Hume, a person's evaluation on an object ultimately depends on their inner state of mind. If the person finds something external morally good and obligatory, it is because they get pleasure from it or find it useful; if a person feels pain from and disgust towards something or finds it useless, they find it morally bad (T471).[5] If something external fails to change a person's inner state, it, as Hume states, is not an object of moral judgment, but an object of natural observation. As such, Hume suggests that these mechanisms determine the direction and scale of a person's moral judgment on an external object.

Hume further claims that the target of moral approval and disapproval should be an agent of an action rather than the action itself (T478). For instance, people apparently appreci-

---

5) David Hume, *Treatise of Human Nature*, ed. David Fate Norton and Mary J. Norton (New York: Oxford University Press, 2000). References in the body of the essay for the *Treatise* will appear abbreviated as T and the Selby-Bigge Number.

ate some deeds because they cannot sense the inner state of the agent (intention / purpose) that enables an action. In other words, they cannot acclaim invisible objects. In Hume's view, however, people tend to suppose that an action arises from a certain type of motive and further conjecture that an agent has their own motive that necessarily results in a specific form of action. As this process of mind dictates, people morally approve (disapprove) of the motive of the agent.

Based on his own understanding of these two inclinations in human supposition, Hume concludes that a person cannot deem the sense of obligation to be good in itself unless other factors affecting their moral judgment helps them gain a moral appreciation (T478). In Hume's moral philosophy, the sense of obligation is a sense that dictates whether a person ought to take a certain form of action in accordance with moral approval (disapproval) of others. This sense of obligation, he supposes, indicates that certain forms of actions were already approved (disapproved) before the actions are conceived, thus meaning that the sense of obligation cannot claim its own existence as the initial and independent motive of the actions. For this reason, a belief that the sense of obligation does form the foundation of morality falls into circular reasoning.[6] If there exists a sense of obligation in a person's mind, it means that other

---

6) Slote, "Justice as a Virtue".

causes or motives that precedes this sense of obligation already approves (disapproves) the action that they intend to do.

Contrary to Hume's own subjective thought on morals, people tend to render many similar moral judgments on others' actions. At first, a sense of obligation plays a critical role in establishing this consensus on moral judgments. In explaining this phenomenon, Hume's philosophical predecessors developed two theories. Supposing that people have a common moral sense, one theory claims that all people respond to a certain action or motive in the same way. Alluding to the concept of social contract, the other theory assumes people respond in the same way; they establish principles on their actions and made consensus that they will abide by those principles. According to Hume's own term, the former defines all moral judgment to be natural, and the latter regards them as artificial.

Hume does not concur with either reasoning on whether all moral approval (disapproval) is natural or artificial (T475; T578). Discussing what the term 'natural' really means, he concludes that some moral judgments are natural while others are not. Although the word "naturalness" has different implications, its definition in moral philosophy, Hume proposes, must signify what constitutes human nature and convince that such naturalness never changes regardless of circumstances around it. In other words, people naturally feel pleasure from virtue and find it useful; they feel pain from vice and find it useless. If we think of an action or characteristic that now belongs to virtue but later turn into vice, it does not belong to human nature and may be called artificial virtue: it does not arouse moral approval (disapproval) in all possible cases but may belong to virtue (vice) under some conditions. He accepts experimental approaches in moral philosophy. Citing historical records and various reports on the world outside Europe, he demonstrates how people unconditionally approve (disapprove) of some objects, while their moral judgments on others vary over space and time (T581).

## II. Justice: Artificial Convention or Natural Sympathy?

Hume, at least outwardly, argues against the idea that justice is entirely an artificial virtue as much as he opposes the supposition of moral sense theory that finds justice purely natural. But at the same time, he believes that justice is artificial in a sense that people develop the concept of justice fundamentally based on contracts. How can we resolve this apparent contradictory in his statements? Rendering his own idea unclear, he continues vacillating between the idea of moral sense theorists and the idea that justice is an artificial virtue. Despite the ambiguity in his statements, it seems evident that his ultimate conclusion tilted towards regarding justice as an artificial virtue.

There are two arguments bolstering his conclusion. First, natural motives are not able to cause just actions, because they induce different actions under varying conditions—a phenomenon that does not squarely fit with just actions. Yet imperatives of justice dictate that people should show consistency in their actions regardless of varying external conditions. Should people forgo reliance on natural motives in order to do just actions, they can do these actions only out of a sense of obligation. In this regard, just actions are elicited from an artificial virtue. Second, whether a certain action is just (morally good) does not pertain to a judgment deciding whether the agent's motive ought to be approved. When deciding about what justice (injustice) is, people do not give approval (disapproval) on the supposition that the agent has a virtuous (vile) motive; they will only observe the action itself. According to Hume, justice is an unnatural phenomenon. For instance, an unjust action that comes out of a good intention, as opposed to his claim that the inner state of an actor ought to be the yardstick of moral judgment, becomes morally wrong and reprimanded for violating the rules. As a result, people come to understand that they need to create an artifice towards helping them give approval (disapproval) with consistency to various actions that cannot be judged by human nature.

It should be recognized that Hume regarded justice as

something arising among people. Considering his criticism on the concept of an original contract that Hobbes or Locke suggested, he seems to have denied any form of covenant or contract that was a foundation of justice.[7] In his experimental approach to moral philosophy, he also argues that no substantial evidence has been found in favor of affirming that people ever established rules, whether explicit or not, by making contacts. Furthermore, people generally conform to rules without formulating any contracts or decisions among themselves on whether to abide by those rules. This opposing argument that Hume structured against the social contract theories has us believe that he himself believed justice to be a natural virtue.

While suggesting the definition of private property as exemplar, he continues falling into dichotomy in explaining what constitutes justice. By showing how the institution of private property gives a necessary foundation of human social life, he defines it to be the first justice. In his terminology, the word convention signifies what people intentionally create for a specific purpose, implying that all kinds of private property necessarily form a covenant, which means it is inevitably artificial. First and foremost, the institution of private property necessitates what he calls "circumstances of justice" that entail three preconditions (T488; T494): 1) inadequate resources (im-

---

7) David Hume, "Of the Original Contract", in Essays Moral, Political, and Literary, ed. Eugene F. Miller (Indiana: Liberty Fund, 1984), 466.

balance between limitless human desire and limited resources), 2) self-interested human nature, and 3) importance of external resources and instability of possession caused by it. Under such conditions, people establish the institution of private property as their convention lest they lose their possessions (T502). Without its own surrounding circumstances, justice has nothing to do with private property. Thus, the conventional behaviors that justify private property are not called 'natural.' As Hume pointed out, people, without remorse or reservation, would commit crimes such as theft and robbery, if placed under conditions in which they suffer from scarcity of resources. Under opposite conditions, they pay no attention to the possessions of others. If external resources are regarded as being unalienable physical property, such as the limbs of the human body seemingly useless to others, people, even under severe conditions, will not struggle to appropriate others' property (T495).

On the contrary, Hume, introducing the concept of sympathy, describes that human society has smoothly embraced the institution of private property. In his terminology, sympathy is a human capacity to speculate a passion of others whose appearance and actions resemble his or her own; the observer ends up finding the commonality of that passion and becomes able to have the same emotion (T318). Taking one step further, moral approvals imply intense pleasure and usefulness, and moral disapprovals signify strong pain and distaste. In the same vein, a sense of sympathy indicates complete concord between subject and object in relation with a particular moral judgment: by sympathizing with my friends' pleasure or pain, one will form and share the same opinion with them (T317). Without doubt, a person sympathizes with many different groups of people in his or her life, thus meaning that the person spontaneously compares his or her own moral judgments with those of others and eventually begins to correct or intensify his or her initial judgments. Based on this assumption, Hume argues that a repeating process of sympathizing among members of a community enables people to converge to the same moral judgment.

This proposition shall also explain how the institution of private property and the sense of justice emerged in society. No one chooses appropriating others' possession over protecting them. In addition, people show resentment at such a malignant act (appropriation) and sympathize with the victims. Not long after, the members of the community affirm their approval of the assurance of a continued possession and their disapproval of appropriation without the consent of the members, confirming that they share the same value (T502). If his explanation is to be validated, the institution of private property, to a certain extent, must belong to the sphere of human instincts. As a result, private property as an institution may represent itself as a public expression of the natural desire that tends to secure people's possessions and penalize an infringement of a provisional boundary line protecting them.

### III. Two Interpretations on Hume's Theory of Justice : Contractarian or Naturalistic

Hume's theoretical foundation has two folds: convention and sympathy. He seems to have believed that these two concepts are compatible and attempted to combine the concept of social contract with that of moral sense as one complete theory. Yet these two concepts can only run parallel in his thought. Considering his idea of what motivates just actions, placing sole reliance on convention fails to elicit the first motive for performing just actions and an ensuing sense of obligation. On the contrary, placing sole reliance on sympathy also fails to make a meaningful distinction between the natural and artificial virtues that he deliberately strives to explore, impairing the availability of his sophisticated classification for detailing artificial virtue. From a broad perspective, Hume fails to integrate two concepts into his own theory and has us choose either side, challenging us to rethink respective implications of the two in shaping modern social life.

Weakening the role of sympathy, the contractarian interpretation of Hume's theory of justice concentrates on his concept of convention and views the problem of justice as a question of what type of institution should control human society. Thus, Hume's concept of justice is tightly intertwined with distribution of resources insomuch that that can be replaced with the concept of private property.[8] In other words, justice refers to the system itself, rather than virtue, a representation that the action of a just person generates through revealing its characteristics. Additionally, whether a certain action is just or not depends more on a reflection on the generalization rather than on the agent's motive of such an action. Gauthier argues: "I shall be committed to a distinction between that theory, which I shall usually call Hume's moral theory, and his theory of property and justice. Hume treats justice as a moral virtue, these theories must be connected, but connection is not identification."[9]

According to his distinction between natural and artificial virtue, people in an initial state of nature had no motive to perform just actions. Hume continues as follows: "But in his rude and more natural condition, if you are pleas'd to call such a condition natural, this answer wou'd be rejected as perfectly unintelligible and sophistical(T479)." Human instincts may sometimes mislead people to forcibly take possession of others'

---

[8] David Gauthier, "David Hume, Contractarian", *The Philosophical Review 88*, no. 1 (1979): 4.

[9] Gauthier, "David Hume, Contractarian", 3.

belongings, even if they already made a provisional pledge not to do such an outrageous action. At the same time, people wish to be a 'sensible knave' who satiate their avarice while making themselves invisible(EPM282).[10] "But the problem does not disappear with the emergence of a convention of acting justly. Even when the convention is stable and generally adhered to, there are still situations in which one of these motives will direct us to act justly."[11]

Nevertheless, people have good reasons to conform to the rules of justice that determine their actions and show approval for such actions, because justice firmly secures a continued pursuit of interests. Such interests continue to exist only if the following conditions are satisfied: 1) people believe that justice is right; 2) they recognize that others believe that justice is right; and 3) they express such recognition among themselves and consent that their own possessions will always be in their own hands as they permanently possess their body and soul (T502). Thus, should people want to continuously enjoy a pursuit of their own interests, they would have to abide by the rules of justice, namely, they are obliged to ensure themselves

---

[10] David Hume, *Enquiry concerning the Principles of Morals*, ed. Tom L. Beauchamp (New York: Oxford University Press, 1998). References in the body of the essay for the *Enquiry* will appear abbreviatedly as EPM and the Selby-Bigge Number.

[11] Marcia Baron. "Hume's Noble Lie: An Account of His Artificial Virtues", *Canadian Journal of Philosophy 12*, no. 3 (1982): 546.

that they should always control their own actions in accordance with these rules.

Hume, in his motivation argument, asserts that people must have the first motive for complying with the rules of justice in order to meet such obligation. In this regard, people need more artificial devices such as education, instruction, and cultivation (T534); their concerns for mutual interest amongst themselves are not sufficient to create a continuity of just actions. Despite that experiencing pleasure from gaining the benefits that a pursuit of justice brings about is not a real, but an injected belief, people regard justice as something desirable, a belief system that have people conform to the rules of justice. As Baron states, "[m]oral educators and politicians inculcate an artificial sense of duty, on Hume's view, by asserting that injustice is always harmful and encouraging people to view injustice as in itself abhorrent."[12]

It seems evident that this deception from experiencing justice reveals itself in Hume's experimental approaches, given that people indoctrinated their own belief system of justice into the minds of their descendants that have not yet physically experienced what types of benefits justice can bring to them. In a sense, this is a self-deception as well as a great deception that is rampant in society, for justice does not necessarily bring

---

12) Baron, "Hume's Noble Lie", 547.

benefits to everybody pursuing it, and such expectation (belief) does not originate from physical, intellectual and emotional experiences. As Baron added, Hume made a "cloaked assumption," which embosses the psychological effects of the "noble lie," hidden under his ostensible illustration of the apparent connection between natural virtues and justice.[13] Or, to put it differently, a false belief that justice is desirable and a 'misapprehension' that justice necessarily brings benefits has become a strong foundation on which people's conformity to justice continues to exist.[14] This particular characteristic distinguishes justice from all other natural virtues.

Perhaps what is more surprising is that Hume's comments that make comparisons between justice and religion are found in *Treatise* and *Enquiry*. New conventions created by humans, he details, "may even be compar'd to *transubstantiation*, or *holy orders*, where a certain form of words, along with a certain intention, changes entirely the nature of an external object, even of a human creature (T524)." And, "when we abstract from this circumstance (for it is too apparent ever to be overlooked) it must be confessed, that all regards to right and property, seem entirely without foundation, as much as the grossest and most vulgar superstition (EPM199)." Although he intends

---

13) Baron, "Hume's Noble Lie", 551.
14) David Gauthier, "Artificial Virtues and the Sensible Knave" *Hume Studies 18*, no. 2 (1992): 403.

to clarify the differences between the two, he also insinuates that they seem to share the common features: 1) they develop from the false (unjustified) belief that people presume as true; and 2) people recommend one another to follow a few rules and principles derived from such false (unjustified) beliefs.

Conversely, the naturalistic interpretation of Hume's theory considers justice to be a type of virtue. This argument contradicts with the contractarian proposition that a certain just action can be seen as being vicious (not virtuous). When considering the process an object is morally approved (disapproved), the boundaries of virtuous actions categorically include those of just ones. In Hume's own words, "it will be sufficient to show the principles, which make us feel a satisfaction or uneasiness from the survey of any character," since the standard is "particular pains or pleasures (T471)." If we accept his claim, we need to observe the way people approve (disapprove) of just (unjust) actions through human nature in order to explain that principles of justice are established regardless of any surrounding circumstances.

In her article "Hume's Account of Social Artifice," Baier stresses the function of the family as a device with which people invented the concept of justice.[15] She argues as follows: "The natural family provides experience of the benefits of co-

---

15) Annette Baier, "Hume's Account of Social Artifice - Its Origin and Originality" *Ethics 98*, no. 4 (1988): 772.

operation and gives members of it the crucial knowledge that there can be conditions in which we can trust and work with others to mutual benefit." As stated, a family offers a necessary condition for its members— especially the young ones—to receive all the benefits of group life such as enough security, sufficient food, customary knowledge, and enriched experience. In this sense, a form of communal living is not an option but a necessity for human to become a full social being. Unconsciously, people sense that they must learn a set of behaviors to promote their social unity and prevent feuds among themselves. Through the long and continuous history of a society, its members standardize such behaviors as codes of conduct.

Hume's description of how people have structured their social life seems constant and complete in itself. As Hume proposes, the first social life between opposite sexes initially emerges through attraction between them (T481). Then "[t]his new concern becomes also a principle of union betwixt the parents and offspring, and forms a more numerous society (T486)." In Baier's evaluation, his description is neither theological nor Newtonian, but rather Darwinian, namely it is a sociobiological description.[16] Including all the just actions, a group of virtues that are necessary for social life are already inherent in human nature will develop into a more sophisticated form by means

---

16) Baier, "Hume's Account of Social Artifice", 777.

of family. If people are not inclined to favor just actions over other behaviors by any means, it will be impossible for them to recognize moral correctness in just actions of others, feel obliged to follow their examples, and recommend that others act accordingly. Despite the small size of the family, apparently virtuous actions of its members are bound to be regarded in the same way in the larger society, because it too is a social unit and other members of the larger society are raised under similar circumstances. Thus, artificial virtues, though people seem to learn them at later stages of life, are actually learned earlier and seen as natural. As Baier adds, "[o]ur creation, although not directly modeled on them, do in fact reflect and repeat features present in that nonartificial social structure, the natural family."[17]

*Treatise* and *Enquiry*, she further argues, suggest that justice has been reproduced and expanded historically through cooperation among family members. Despite the egocentric nature of human beings, their tendency toward sympathizing with their family and friends equally coexists in their nature. Such sympathy is neither artificial nor intentional, but rather automatic reaction to others' behavior. According to the pseudo-sociobiological accounts of Hume's experimental approach, people, immediately after their birth, natively empathize with

---

[17] Baier, "Hume's Account of Social Artifice", 769.

others including the current and new members of their community. As the object of this sympathizing process shifts from personal emotions to the custom of the time, people acquired the objective "general and common" viewpoints with which they judge moral values in an object (T581-2).

Sympathy, therefore, plays an important role as much in spreading artificial virtue, as in spreading natural ones. A contractarian account for the behavioral conformity to the rules of justice certainly leaves room for doubt: 1) "Do people respect those rules in sincerity?" or 2) "Can people prevent themselves from violating them?" Let's suppose that a person abides by rules but his just action may not serve his own interests; suppose again that no one proves whether his conformity to the rules is valid or not. If she understands these two suppositions and even partially accepts the contractarian account based on the assumption that justice is bolstered by the epistemological error ("noble lie"), he will not abide by the rules of justice any longer and, without reservation, pursue his own interests, and try to satiate his desire, because justice is useless in maximizing his interests. But people easily notice that this description of the way they approve (disapprove) of justice is appropriate. People do not blindly conform to the rules of justice. Rather, they ponder over those rules with deep consideration and sympathize with others around them—their family members, friends, and relatives—who may benefit from their actions.

Through imagination, people also sympathize with a hypothetical person that presumably has the common view—a vantage point from which they evaluate the rules. In a community, such a moral viewpoint tends to affirm previously existing virtues that have helped sustain the community. People, through this process of conformity, wholeheartedly approve of the rules of justice and justice itself.

In her naturalistic approach to Hume, Baier illustrates that the concept of "moral ties" embraces that of virtues and justice. As she puts, "[t]he story in the *Treatise* is not primarily a story of economic change (although it is incidentally that) but of change in the sorts of moral ties we have to our fellows."[18] Within the sphere of the family, people, by acquiring the common virtues, learn how to be a good member of the community and a good citizen. As such, justice differentiates itself from other virtues, not by the process of approval (disapproval), but by the degree to which the conformity pressure is given. This approach to interpreting Hume tries to encapsulate its idea as follows: "the fuller variety of the gentler moral pressures to be a decent person and a good companion as well as a conscientious doer of one's duty."[19]

---

18) Baier, "Hume's Account of Social Artifice", 777.
19) Baier, "Hume's Account of Social Artifice", 758.

## IV. Appraisal of the Two Interpretations

Hume's philosophy, on the one hand, combines the concept of justice with the general theory of virtue. Yet, on the other hand, it separates the sphere of justice from that of other virtues. What this study calls the comprehensive, naturalistic interpretation regards his thought as an argument in favor of natural family and sympathy that connect individuals to society, and justice that belongs to a larger realm of human moral life. As opposed to this logical construction, the contractarian interpretation claims that Hume believed that justice does not pertain to virtues, but only to institution, and that the mechanism by which justice gain approval from people by relying on the "noble lie" differentiates it from other virtues. This study supports the latter interpretation for the reasons as follows: First, Hume's general theory of virtue may compatibly coexist with the separate, contractarian interpretation, but his explanation of how justice was established contradicts the naturalistic interpretation. Second, it should not be neglected that the mechanism to approve justice, to a certain degree, includes epistemological errors to conjecture that certain behaviors are profitable and thus desirable without having any previous experiences. Third, his belief that justice is the institution of private property itself becomes stronger as his idea went through different developmental stages from *Treatise* to *Enquiry*. These stages of transformative development demonstrate that he understood justice as an institution, therefore, not as a virtue (an individual's characteristics that are imagined in his behavior).

Hume's general theory of virtue is not a positive argument. As he states, "when you pronounce any action or character to be vicious, you mean nothing, but that from the constitution of your nature you have a feeling or sentiment of blame from the contemplation of it (T469)." His argument implies that humans need nothing but their biological structure in order to obtain the capacity for moral approval (disapproval). There must be only two abilities to establish principles of justice: 1) keen perception to recognize others' behavior, and 2) a modicum of imagination that helps understand the profitability of justice. Without the help of any outer forces, human intelligence naturally allows such exerted abilities to an individual. Not only does the contractarian theory acknowledge them, but it calls for them in order to make people have a sense of justice.

Whereas the contractarian interpretation includes such a theory of moral judgment, the naturalistic one fails to solve the problem of unjust behaviors that originate from natural (virtuous) motives. If we accept the naturalistic approach to Hume's theory, it should be recognized that natural motives for morally good actions cannot yield the actions that are both just and vicious simultaneously, given that justice is a part of virtue. Depending on contingent conditions, discrepancies between just actions and naturally virtuous ones come into existence. As he argues, where most resources are scarce, securing others' possessions is not a just action, for people would reject such principles, striving to secure their own desires. The "artificial" characteristics of justice emerge in this regard: the principles of justice resolve the discrepancies by force and dictate that people must choose just actions and avoid blindly obeying naturally virtuous motives.

Although these social functions of justice, sometimes through the experiences by the principles of justice commanding undesirable behaviors, reveals themselves to be false expectations, the profitability of justice for the entire society still remains questionable. Thus, if most people hold such a belief, it is not naturally given by any means. Even without any previous experience, people may accept such belief through the "noble lie" which seems to authenticate the validity of the belief, even if they are not sure whether it is desirable. This type of approval is always fallible, even when a majority of people confirm its authenticity.

Conversely, the naturalistic interpretation assumes the infallibility in our moral judgments on just (unjust) actions. It supposes that people, as they live in a natural family, come to regard just actions as actually desirable by experiencing, whether directly or not, the process of justifying approvals (disapprovals). It also leads to the argument that people approve of justice based on the natural reason that is empirically justified, implying that moral approvals have empirical foundations. While the contractarian approach seems to be consistent with Hume's idea, the naturalistic one inevitably contradicts with his emphasis on the importance of social devices such as government, education, and artifice. Let's suppose again that people have natural reasons to approve justice and disapprove injustice. Then people, as Hume puts it, would be natural-born good citizens who can natively approve "such complicated" rules of justice, and would not eventually need any devices for the rules of justice, given that they may no longer need to continuously correct their own behavioral patterns because of "innate ideas of praetors and chancellors and juries (EPM, 202)."

In *Enquiry*, Hume claims that justice is relevant to distribution of resources (shares). In *Treatise*, he categorizes justice as a virtue, namely, justice stands for the characteristic of an agent performing just actions. As opposed to his own explanations, his description of justice in *Treatise*, as much as in *Enquiry*, seems to indicate the process in which people installed the institution of private property into human society. During his discussion on justice in *Enquiry*, Hume denies the real equal distribution system called "fitness" and that of the Levellers as inferior alternatives (EPM193). Even in *Treatise*, whether an action is just (unjust) depends not on the agent's motive, but on his conformity to the rules of justice. By means of the initial possession, transfer by consent, and inheritance, the function of justice is determining the right share of an individual or a group of individuals in society; they are neither characteristics nor virtues, but rather behaviors or signals (T505). By becoming aware of the theoretical inconsistency between virtue and justice in *Treatise*, Hume revised some contents in order to publish *Enquiry* for another version of its chapter titled "of Morals." Abandoning his previous idea that identifies justice as a virtue, he comments that any natural motive itself cannot be a logical foundation of distribution, and that any rational reason that exists in human nature cannot be a logical foundation of distribution to the same degree (EPM192).

To sum up, this study focuses on the artificiality in Hume's theory of justice. This seems apparent even if his general theory includes the concept of justice at first glance. By defining justice as an "artificial virtue," he believes the duality inherent in justice: being a natural virtue and artifice at the same time. Although his motivation theory based on human nature appears to be compatible with the contractarian interpretation, the naturalistic approach conflicted with a matter of discordances between naturally virtuous motives and just actions. For resolving these discordances and commanding just actions, people decide to establish something that is not approved in nature, relying on the belief that conforming to the rules of justice is desirable. Completing *Enquiry* and departing from his original idea written in *Treatise*, he seems to have concentrated on the artificiality in his theory of justice.

There are two implications that his theory of justice left for the contractarian interpretation. First, the contractarian approach gives an answer to the question of which one has priority among various virtues. Different from other virtues, the rules of justice, sometimes based on false beliefs, connotes forcing people to follow the examples of just actions in order to coordinate people's behaviors. Consequently, justice must be the primary measure used to judge the morality of an action, because coordination is the most urgent need in human society. Lest people blindly follow their own desires, they themselves decide to accept the rules of justice as a categorical imperative, deliberately assimilating into a community. As Baron notes, through "noble lie" people expect "far greater compliance" than through natural human capacity such as sympathy.[20]

Second, the contractarian interpretation gives us a clue to understanding where the sphere of justice begins and ends and how difficult it is for us to fully imagine such boundaries. Fortunately enough, Hume articulates that dealing with justice means dealing with the gamut of issues involving resources, due shares, and distribution. Under varying circumstances, people live with different rules of justice determined by vari-

---

20) Baron, "Hume's Noble Lie", 551.

ables relevant to resource potential such as its abundance, usefulness, and compositions. As long as people, under the influence of instant pleasure or pain that is unconditionally given, struggle to approve virtues and disapprove vices, the question of whether justice is desirable remains unanswered. In this regard, people need to give consent to the rules of justice. Thus, justice belongs to the public sphere concerning the distribution of resources whose border demarcates varying private spheres.

## Conclusion

Hume defines justice as an artificial virtue, but his definition involves duality. Justice, in his discussion, appears to be a virtue that arouses pleasure in the minds of natural humans and demonstrates its own usefulness. But he oftentimes depicts it as something that is different from virtue, arguing that justice heavily relies on its own surrounding circumstances and sometimes needs artifices. Although he seems to bolster the idea that the convention and sympathy, together in harmony, become the foundations of justice, these two conceptions are incompatible. This duality in his idea appears to aim at criticizing both moral sense and social contract theories and constructing a comprehensive idea, but his bold attempt fails to reconcile them.

Rather, this study has tried to explore these two contradictory aspects of his theory by categorizing them into two groups: the contractarian and naturalistic interpretations. While the former is based on his concept of convention, the latter uses the concept of sympathy as the foundation of its interpretation.

This study supports the contractarian interpretation of Hume's theory of justice. There are three main reasons. First, his general theory of virtue is not a positive argument that all moral judgment has an empirical basis, but a negative one that human nature is necessary for moral judgment. Second, varying circumstances, unlike other virtues unconditionally approved by people, play a critical role in approving justice. Last, in his discussion, justice forms a close relationship with the distribution of resources, whereas other virtues merely indicate the characteristics of an agent. These features of justice proposed by Hume dovetail with the contractarianism and disclaim the validity of the naturalistic approach.

The conclusion of this study has remarkable implications on human social life. If we acknowledge Hume's technical terms, the question of what description best defines the relationship between natural and artificial virtues may turn into the question of how to assert a priority relationship between being a good friend (human) and being a good member (citizen) of society. By supporting the contractarian interpretation, this study has aimed to emphasize the importance of understanding both the foundation and functions of private property whose other name is justice. Another aim of this study is to accentuate the priority of justice: being a good citizen is much more important than being a good human. Relying on the hypothetical contract, which is based on epistemological error and widespread in society, people regulate their own behaviors to conform, before all other virtues, to the rules of justice and persuade others to follow them. This might not sufficiently improve the human social life, but it is still necessary.

# References

Baier, Annette. "Hume's Account of Social Artifice - Its Origin and Originality." *Ethics 98*, no. 4 (1988): 757-778.

Baron, Marcia. "Hume's Noble Lie: An Account of His Artificial Virtues." *Canadian Journal of Philosophy 12*, no. 3 (1982): 539-555.

Gauthier, David. "Artificial Virtues and the Sensible Knave." *Hume Studies 18*, no. 2 (1992): 401-427.

Gauthier, David. "David Hume, Contractarian." *The Philosophical Review 88*, no. 1 (1979): 3-38.

Hume, David. *Enquiry Concerning the Principles of Morals*. edited by Tom L. Beauchamp. New York: Oxford University Press, 1998.

Hume, David. "Of the Original Contract." In *Essays Moral, Political, and Literary*, edited by Eugene F. Miller, 465-487. Indiana: Liberty Fund, 1984.

Hume, David. *Treatise of Human Nature*. edited by David Fate Norton and Mary J. Norton. New York: Oxford University Press, 2000.

Johnston, David. *A Brief History of Justice*. MA: Wiley-Blackwell, 2011.

Rawls, John. *A Theory of Justice*: Original Edition. Cambridge: The Belknap Press, 2005.

Sayre-McCord, Geoffrey. rough draft of "Hume on Artificial Virtue", in *The Oxford Handbook of David Hume*, edited by Paul Russell, 2016. http://philosophy.unc.edu/files/2013/10/Hume-on-the-Artificial-Virtues1.pdf.

Slote, Michael. "Justice as a Virtue." *Stanford Encyclopedia of Philosophy*. edited by Edward N. Zelta. 2014. http://plato.stanford.edu/archives/fall2014/entries/justice-virtue.

## ABSTRACT

A Conflict of Interests: The Influence of Ownership Structure on Organizational Response to Institutional Pressures

This paper investigates the influence of ownership structure and heterogeneous interests among institutional investors on various organizational responses to institutional pressure. According to Greenhouse Gases Reporting Program dataset for S&P 1500 firms from 2011 to 2017 and classification data of institutional investors, ownership of a firm by dedicated institutional investors, who look for long-term returns, is positively associated with environmental performance. In contrast, ownership by transient institutional investors, who make frequent trade for quick financial earnings, is negatively related to environmental performance of firms. Finally, this study confirms firm age and CEO discretion are also positively related to environmental performance of firms. These findings indicate that governance structure and different forms of ownership may affect firms to engage in non-financial investment such as environmental performance.

**Keyword:** corporate governance, ownership structure, carbon dioxide emission, institutional pressure

## INTRODUCTION

One of the most significant contribution of institutional theory is that it lays the conceptual foundation for a systematic approach to understanding how various firms respond to institutional pressures. This stream of research focuses on analyzing organization level milieus that influence such diverse responses rather than heterogeneous interests and motivations of each constituents of organizations. Oliver (1991), for example, notes that organizations do not equally respond to institutional pressures. Rather, normatization (normative values being absorbed by firms) and mimetism (tendency to follow the best practice), argues Oliver, can be motivators underlying a response. More recently, Westphal and Zajac (1998) propounds that self-interest of chief executive officers and board members may also induce organizational acquiescence to institution pressures. These key players, in pursuit of their own interests, tend to adopt ceremonial mechanisms such as symbolism and impression management in the process of influencing other stake holders such as institutional investors. Still, it is not clear why some firms comply to institutional pressures while others tend to resist or circumvent them.

The major challenge of environmental study in management field has been the justification of investment in pollution prevention. DiMaggio (1988) argues that pollution prevention of organizations may not necessarily be triggered by spontaneous altruism but rather simply the acceptance of institutionalized values. For instance, firms reduce chemical waste in fear of sanctions from authorities and to comply with normative perception of appropriate actions. As such, most research on environmental performance of firm have been conducted based on institution theory because it explicates implementation of non-economic practices (Berrone et al., 2010). Little attention, however, has been given to internal constituents of organization and its influence on organizational responses to institutional pressures. This raises the question of how firms will respond to institutional pressure if different constituents and their heterogeneous interests were taken into account. Borrowing from agency theory and corporate governance perspective, this study attempts to fill this gap by focusing on CEOs and institutional investors ownership position.

This study addresses this question in the context of carbon dioxide ($CO_2$) emission of U.S. firms. U.S. firms increasingly face institutional pressure to cut $CO_2$ emission since 2009 when pro-environmental administration came into play. Government authorities strengthened the level of scrutiny on the sources of pollution, and public attention for the issue was also elevated. Such engendered institutional pressure, which is perceived to be homogeneous on all institutional field, is not common. This study thus focuses on different firm responses to the institutional pressure to reduce $CO_2$ emission.

This study explores how ownership position of agents and principals influence the extent to which organizations comply to institutional pressures. As a result, this study argues that heterogeneous investment preference among institutional investors, level of CEO discretion, and firm age specifically influence the degree to which organizations comply to such institutional pressures as follows:

1. This study examines the effect of firm age on compliance to institutional pressure. Traditionally, institutional theory argued 1) that the stronger the legitimacy of operation with a firm's relatively long history, the more prolonged the survival of the firm, and 2) that such prolonged survival is possible through compliance to institutional pressures. This study also asserts that path dependence and routinized operation can hinder a firm—especially a firm that has been operating for a long period of time—from quickly responding to institutional pressure.

2. Since investment in greenhouse gas emission requires a long-term commitment without significant financial return, this study also expects that CEOs with greater discretion, by accordingly complying to institutional pressure, are more motivated to exercise it.

3. Based on institutional investors' preferences, Porter's (1992) classifies them into three categories: "dedicated", "tran-

sient", "quasi-indexer." Dedicated and quasi-indexers tend to have long-term investment horizon while transient investors have the opposite. Therefore, this study expects that the level of ownership by dedicated institutional investors, who value long-term incentives, influences greater compliance to institutional pressure that is consistent with their interest.

To empirically test these arguments, this study utilizes $CO_2$ emission dataset from Environmental Protection Agency (EPA) on their Greenhouse Gases Reporting Program (GHGRP). This study then combines the dataset with Thomson Reuters 13F database that compiles information on institutional investor holdings. Lastly, this study merges the dataset with Bushee's (2001) classification of institutional investors, which categorize each institutional investor based on their past investment patterns. The final sample consist of 761 U.S. public companies from 2011 to 2017.

# THEORY AND HYPOTHESES

## Institutional Theory Perspective on Heterogeneous Interests of Principals

Early institutional theory literatures (DiMaggio & Powell, 1983; Meyer & Rowan, 1977; Scott, 2005) focus on how organizations become homogenous in response to formal and informal pressure exerted by other organizations upon which they are dependent. They assume that organizations, instead of making strategic decisions for employing their technological capabilities and level of efficiency, tend to conform to institutional pressures in their efforts to protect their legitimacy (DiMaggio & Powell, 1983; Berrone et al., 2013). Institutional logics function as a tool for organizations to incorporate, and gain resources, stability and legitimacy (Meyer and Rowan, 1977). They are the resources that motivates firms to conform to the institutional pressure so that they can acquire a higher degree of legitimacy. Suchman (1995) argues that organizations acquire legitimacy by conforming to external expectations from either government regulations or normative demand from the society. In addition, Bansal and Clelland (2004) claim that firms often adopt 'the best practices' within the industry to protect their legitimacy. Given that it insulates firms from strong scrutiny from external stakeholders, legitimacy bears great importance. By conforming to the regulative or normative expectations, for example, firms can reduce the risk of being sanctioned in both formal and informal ways (Meyer and Rowan, 1977). But the question still remains: how can we explain diverse responses by firms to the same institutional pressure?

One criticism on institutional theory has pointed out its inadequate address of heterogeneous resources and operating environment of firms. More recently, scholars have begun to delve into a variety of strategic responses of the firms to institutional pressures. Oliver (1991) notes that the role of self-interest and the active responses of organizations have often been overlooked in institutional studies. He further identifies five types of responses (i.e. acquiescence, compromise, avoidance, defiance, manipulation) to institutional pressures. Later, Berrone & Gomez-Mejia (2009) introduce an integrated perspective of agency and institutional theory and propound how CEO compensation structures may affect the degree to which a firm conforms to institutional pressure.

**Agency Theory and Corporate Responses to the Institutional Pressure**

Unlike Institutional theory, Agency theory assumes that, with bounded rationality, individuals are self-interested and have different levels of risk tolerance. According to agency theory, the dis-alignment of desires or goals of principals and agents lead to one of the so-called 'agency problems' in that agents often display opportunism for the sake of themselves at the expense of the principals' interests. Eisenhardt (1989) proposes that such behaviors of an agent, on the one hand, contribute to maximization of profit in the short-term. On the other hand, principals are likely to take further risks to seek interests that require long-term commitment.

Agency and corporate governance literatures view ownership structure to be one of the most significant factors that affects organizational decisions. While making the strategic decisions, the ownership dynamics within the firm, in response to the coercive institutional pressure, tend to produce non-conforming outcomes (Lee, 1999). Geenwood and Suddaby (2006) maintain that agents, based on their self-interest, often become motivated to respond to given institutional structures. Other scholars have examined how agents, in the pursuit of their private interests, affect organizational decisions by using ceremonial approaches. For example, Westphal and Zajac (1994), and Zajac and Westphal (1996) suggest that top managers can satisfy external demands of stockholders, while seeking personal interest at the same time by adopting but not implementing governance structures. Hence, organizational responses on external institutional pressure are often affected by heterogeneous preference towards risk, value, and power of decision makers in the management (Berrone & Gomez-Mejia, 2009; Peng, 2004).

Discretion in organizational decision-making process is quite important and pertinent, for each of stakeholders (i.e. shareholders, customers, environment) may display heterogeneous demands in the organizational actions, and discretion allows agents to choose one over another. In this respect, whenever they possess enough discretion to exercise what they are inclined to prefer, a risk averse agent is more likely to prefer investing in projects that may elicit short-term financial outcomes. Yet, if such an interest of an agent collides with that of principals, it manifests the agency problem. Stakeholder theory expands this idea, and identifies groups of stakeholders, who, with a variety of interests, compete one another over benefits (Donaldson and Preston, 1995). The distribution of equity between stakeholders is one of the prime factors that affects the organizational decision makings. It is thus often assumed that the discretion is derived from the distribution of equity holdings in the corporate governance literatures (Berrone et al., 2010). In other words, the decisions that benefit the most powerful group (i.e. due to greater equity) may not equally benefit the other stakeholders with weaker ownership. Such an argument raises the following question: will heterogeneous interests and/or discretion of agents and principals influence the organizational actions?

Institutional theory only pays a modest amount of attention on efficiency, capacity, and interest of individual firms—

superior financial performance is not the focal point for the study. Since short-term financial performance is seldom able to acquire justification in the environmental management context, environmental management researchers tend to appreciate this feature (Berrone et al., 2013). Hoffman (1999), for instance, investigates how the environmental performance of the U.S. chemical industry had changed its response to institutional pressure. In the same vein, Lee and Lounsbury (2015) contend that community level institutional logics can affect firm response to the environmental regulative pressure. Berrone et al. (2010), too, report that family-controlled firms, due to their attitude of more highly valuing their social legitimacy and reputation, are disposed to malleably respond to environmental institutional pressure, and more willingly reduce toxic chemical emission.

### Firm Age and Responses to Institutional Pressures

One of the most important premises of institutional theory dictates that organizations tend to mimic other organizations as a means of attaining legitimacy. Institutional economics and organizational inertia literatures, however, add that internal mimicry of historical norms also come into play when firms adopt new structures and practices. North (1990) states that decision makers hold only a handful of options that historical precedents have demonstrated. Romnelli and Tushman (1986) also note that high performing firms institutionalize behavioral patterns in such a way that the alternation becomes scarce. Consequently, inertial momentum of the firm's historical precedents oftentimes adversely affects organizational decisions to adopt new practices and structures that may increase operational risks and uncertainty. Furthermore, institutional theory posits that conformance to external institutional pressures increases a substantial chance of firms' survival, and that such a conforming action are expected to help attain a higher degree of legitimacy and gain various types of rewards as a result (i.e. favorable treatment from the authorities such as tax exemptions). In other word, organizations that have survived a longer period of time are the ones that are more likely to conform to external institutional pressures (Jeon and Lee, 2017).

There are many such compelling evidences on which to estimate a firm's history and its responses to various institutional pressures. A firm's historical precedents may further showcase that the structural routines and know-hows are deeply embedded in its practices. Yet, organizational inertia and path dependency may hinder the firm from producing an elastic response to an external demand for change. This subsequently leads to the following hypothesis:

***Hypothesis 1 (H1):***
*The older a firm is, the greater its likelihood of complying*

*to external institutional pressure.*

## CEO Discretion and Responses to Institutional Pressures

While majority of shareholders usually have indirect control over a firm's decision-making process, its managers are more likely to wield direct control regardless of their degree of ownership. In agency theory, agents represent the will of principals, and are supposed to make the decision that best serves stakeholders' collective interests. When the agent's decision is not aligned to stakeholders' expectations, however, agency problem occurs. Previous studies suggest several approaches to reducing agency problems. Eisenhardt (1989) expounds that outcome-based compensation plans for agents can influence them to behave in favors of principals. Stock option grants on CEOs and re-balancing information asymmetry through board of directors are reported to be substantially effective as well (Sanders, 2001; Fama and Jensen, 1983). These studies imply that there is a meaningful correlation between ownership structures and organizational decision-making process. High equity holdings of agents can also alleviate agency problem. In this case, agents possibly tend to increase the firm's long-term value and growth rather than seek short-term financial benefits. In other words, if agents own larger ownership stake, it is more likely that they will share similar interests with principals and bear the cost of adopting non-value maximizing activities (Barnea and Rubin, 2010). Yet, it is still unclear how firms will react under institutional pressure for greater legitimacy. Sanders (2001) reports that executive stock ownership increases the probability of making conservative decisions—a medium for protecting their assets from financial risks. In the same vein, Westphal and Zajac (2001) argue that powerful CEOs are more likely to decouple from institutional pressure while using socially legitimate corporate language. On the other hand, Berrone et al., (2010) report conflicting findings: given that spontaneous conformance to new institutions may not be compensated in the short-term and rather require long-term arduous commitment, powerful CEOs are the ones who can bear such risks.

For agents, complying with the environment-related institutional pressure can be a risky decision for several reasons. First, financial returns from such a risky investment is not guaranteed. The managers' financial performance is often inseparably interwoven with their reputation, and thus their bad short-term outcome can lead to immediate termination of the contract with the firm. Capital investment in environmentally friendly facilities, for example, can be quite expensive, but whether it renders palpable financial returns in a foreseeable future is unproven and controversial. For this reason, such investment may serve the core interest of non-owner agents.

Second, non-conformance to environment-friendly institutional pressure exposes firms directly to the threat of sanction from both regulative authorities such as Environmental protection Agency and local communities where they are embedded (Lee and Lounsbury, 2015). Violation of regulations can be sanctioned through fines or a temporary suspension of operations; the local communities that closely monitor the firm's environmental performance may pursue lawsuits, protests, and boycotts against the firm. While regulatory or normative sanctions can harm a firm's financial performance, its agents, if the investment cost is greater than expected expenditures brought out by sanctions, will less likely to improve the firm's environmental performance. In contrast, investment made to improve environmental performance can become a long-term resource for the firm. Reduced legitimacy caused by non-conformance can also be detrimental to the survival of the firm.

Hence, the more ownership CEOs have, the more inclined they will be to make long-term investment decisions that possibly legitimize their business entity. Then comes another hypothesis.

*Hypothesis 2 (H2): A higher degree of CEO ownership increases the probability of compliance to external institutional pressure.*

## Institutional Investor Ownership and Responses to Institutional Pressures

Dalton et al., (2007) suggest that agency cost increases as the interest of principals and agents diverge from one another. In response, many scholars shed light on mechanisms that may help to align such diverging interests back together (Rajagopalan, 1997; Daily et al., 2003; Fama and Jensen, 1983). Yet, more recent studies criticize that the interests of principals are not necessarily homogeneous. Moreover, the discretion of principals on organizational decision-making process may show discrepancy according to their ownership position. For example, Villalonga and Amit (2006) postulate that principals with larger shareholding position can sway the firm's decision in their favor at the expense of those with smaller one.

Institutional investors are organizations that make investments in securities on behalf of their members in order to maximize the profit and reduce the transaction costs. These investors include endowment funds, commercial banks, hedge funds, pension funds, foundations and insurance companies. They control securities that are large enough to influence stock price of the firm depending on their demands. Over the past decades, the economic power of institutional investors has risen steadily, so much so that 70 percent of total U.S. equities ended up being held by institutional investors (Gillan and Starks, 2007). Similar to internal stakeholders (i.e. Family owners, board of directors), institutional investors also actively engage in organizational decision-making process through multiple mechanisms (Connelly et at., 2010).

First, the most fundamental engagement mechanism is the threat of exit. Since each exit of institutional investors are capable of reducing the value of the firms (Parrino et al., 2003), management pays a great deal of attention to institutional investors' interests. Moreover, institutional investors actively participate in votes as shareholders, influencing the strategies that firms undertake. Agency theory consequently argues that institutional investors counterbalance myopic perspective of agents' (Connelly et al., 2010). Thus, it is necessary to examine how institutional investor ownership in its entirety is associated with organization's response to institutional pressures. This analysis renders the following hypothesis:

*Hypothesis 3 (H3):* *The ownership of institutional investors increases the likelihood of compliance to external institutional pressure.*

### Heterogeneous Interests Among Institutional Investors

Although agency theory takes heterogeneous interests among the constituents of a corporation into consideration, it does not necessarily disregard institutional investors. Institutional investors are often perceived to have a homogeneous perspective, maintaining a long-term interest in firm value while counterbalancing myopic preferences of agents. Yet, institutional investors, according to Porter (1992), encompass many different approaches toward risks and investment styles. This study argues that such differences among institutional investors can influence accordingly varying forms and degrees of organizational responses to institutional pressures. In an effort to examine organizational actions resulting from the different conjunctions or combinations of institutional investors, this study adopts Porter's (1992) classification of institutional investors. "Transient" institutional investors tend to frequently trade equities according to changes in financial value. Such short-term equity holdings of transient investors create pressure on management to adopt a more myopic strategy for improving short-term financial outcomes. In the same vein, Bushee (2000) suggests that transient institutional investors care less about the future benefits possibly derived from a long-term project, thus making themselves reluctant to pressure agents to restrain from making foresighted decisions. On the other hand, "Dedicated" institutional investors tend to hold their equities in the long-run, and prefer a more concentrated portfolio. Koh (2007), for example, contends that dedicated institutional investors are geared toward holding more tolerant views on short-term failures, for they have a proclivity toward long-term values. Finally, "Quasi-indexers" also hold equities with futuristic prospect in mind, but among the three groups of institutional investors, dedicated and quasi-indexers are more prone to appreciating long-term values and gradual but concrete growth of the firm rather than quick tangible returns. This type of patient ownership directs agents to invest with a long-term vision.

For several reasons this study argues that the extent to which each dedicated, quasi-indexer, and transient institutional ownership composites will influence the degree to which respective firms conform to institutional pressure that dictates them to improve their environmental performance. First of all, dedicated and quasi-indexer institutional investors are more attuned to long-term incentives and the ultimate growth of the firm. For instance, reducing carbon dioxide emission can be costly at the initial stages, and it is not certain when and how much its efficiency will generate the expected financial return. From the executives' perspective, such investment seems to be a risk, given that short term financial return is not guaranteed. In the long run, however, it may help firms gain legitimacy and get it approved from both authorities and civic communities to which it belongs. Since dedicated and quasi indexer institutional investors are well aware of the value of long-term strategic actions taken by the firm, it is more likely that they will monitor agents and urge them to have long-term provisions (Koh, 2007). Second, a long period of time during which dedicated and quasi-indexer hold equity facilitate the building up of trust between agents and institutional investors. Even for the family owners who are known to keep their philosophy of long-term planning, the presence of dedicated and quasi-indexer institutional investor bolstering subsequent long-term investments can help them make the decision with less pressure. Therefore, this study hypothesizes as follows:

*Hypothesis 4 (H4): The ownership of long-term institutional investors increases the likelihood of the firm's compliance to external institutional pressure.*

Unlike dedicated and quasi-indexer institutional owners, transient owners prefer financial gains from frequent stock trades over the value increase through firm growth (Bushee and Raedy, 2003). Such short-term trade strategy hinders transient owners from waiting long enough to realize the gains from the long-term strategic actions (Bushee 2001). Moreover, transient owners lack motivation to thoroughly monitor the executives, and willingly support the long-term strategic actions because they are unlikely to hold the ownership for a long period of time (Koh, 2007). Conforming to external institutional pressure that requires firms to reduce carbon dioxide emission, for example, needs a long-term commitment. It also requires a significant amount of initial investment, while not guaranteeing short-term gains at the same time. Transient owners tend to reduce the opportunity cost and less hesitant in changing ownership position when obstructed by an organizational decision that is against their interests. From the agents' perspective that is mostly concerned with realization of quicker returns, the exit of transient owners is not an ideal situation. Hence, this study expects that a firm will less likely to comply with institutional pressure when its transient investors hold a significant ownership position. This study accordingly hypothesizes as follows:

*Hypothesis 5a (H5a):* The ownership of transient institutional investors decreases the likelihood of the firm's compliance to external institutional pressure.

Once transient institutional investors take significant ownership, it is also possible that they exercise votes or give sufficient pressure to executives to take short-term strategies to maximize short-term value (Grinstein and Michaely, 2005). If executives do not comply with transient owners, they are more likely to exit the holding position (Bushee, 2001). The exit of institutional investors subsequently decreases the value of the firm. Yet, executives rationally expect transient owners to exit within a short period of time. Thus, executives would be less interested in what transient owners suggested. This study expects that the greater discretion executives possess in a decision-making process, the more indifferent they will become concerned with supports from transient owners. This study assumes that executive discretion positively moderates the relationship between the transient ownership and the likelihood of firm's compliance to institutional pressure. Consequently, this study hypothesizes:

*Hypothesis 5b (H5b): The CEO's discretion will positively moderate the relationship between the level of transient institutional ownership and the likelihood of firms' compliance to external institutional pressure.*

## METHODS

### Samples

To test the hypotheses, this study focuses on firms that are mandatorily required to report the amount of their greenhouse gases (GHG) emissions to the Greenhouse Gas Reporting Program (GHGRP) of the Environmental Protection Agency (EPA). Except for the smaller sectors such as agricultural and land use change industries, any firms that emit 25,000 metric tons or more of carbon dioxide per year in the United States must report their emission to the GHGRP program (see www.epa.gov/sites/production/files/2014-09/documents/ghgfactsheet.

pdf). The total sample that this study deals with consists of 761 firms. This study has collected archival data from three different sources that cover an eight-year window from 2011 to 2017. COMPUSTAT provides financial measures including executive stock ownership from Execucomp, 13F filings (Thomson Reuters Ownership Data), and offers institutional investors ownership to each of 397 sample firms. To estimate institutional investors' tendency, this study relies on data from Bushee (1998) that categorize institutional investors into three distinct classes according to their previous investment behaviors.

## MEASURES

### Dependent Variables

*Carbon dioxide emission.* The explanatory variable for this analysis comes from the GHGRP for the period between 2010 and 2017. In response to the Consolidated Appropriation Act, EPA launched the Greenhouse Gas Reporting Program (GHGRP) in 2010. The GHGRP provides archival emission data on six the most powerful greenhouse gases covering large sources of emission. To test the hypotheses, this study concentrates on one of the highly controversial gases: carbon dioxide ($CO_2$). Due to its large contribution to greenhouse effect and global warming, $CO_2$ has become the primary target of reduction throughout the global society. Previous studies that have shed light on environmental performance of firms rely on emission data of chemical substances (Lee and Lounsbury, 2015; Hart and Ahuja, 1996; Berrone et al., 2010) from TRI dataset. However, little research has been done with $CO_2$ emission. The GHGRP includes an average of 7,855 facilities throughout nine industries for 8-year period, and offers discrete information on its parent firms. This study matches each facility with its parent firm ID, and aggregates all emission of each fiscal year. If the emission had decreased over the years, this study measures it as compliance to institutional pressure to improve environmental performance.

**Independent Variables**

*Classification of institutional investors.* This study relies on Bushee's (1998) classification of institutional investors dataset. Bushee (1998) constructed nine variables that describe the past investment behavior of institutional investors. Four of the variables capture the level of portfolio diversification of each institution. *The level of portfolio concentration* is the average percentage of an institution's total equity holdings in each portfolio firm. *The average percent holding* is the average size of the ownership position in each portfolio firms of institution. *Large block percentage holding* is the ownership position that exceeds 5 percent level. *Herfindahl* is a measure of concentration calculated by square of ownership of each portfolio firm. To measure the degree of portfolio turnover, the average absolute change in the institution's ownership in each quarter divided by the total equity of each portfolio firm was calculated. *Relative stability of institutional holding* is the percentage of the institutional investor's total ownership that lasted two prior years. The final three variables measure the institutional investor's trading sensitivity to current earnings. The first variable (CET1) is a ratio of change in institution's holdings in each quarter divided by the change of earnings in each portfolio firm in the given quarter. It represents how sensitively institutional investors react to earning changes of portfolio firms. The second variable (CET2) represents the difference between the average earnings change of firms where the institutional investors increased or decreased the ownership. Final variable (CET3) is the difference between the institution holding in firms with positive and negative earning changes. Then a *k-means* cluster analysis was applied to classify institutional investors into three groups (i.e. transient, dedicated, and quasi-indexer) consistent with Porter's (1992) descriptions.

To test hypotheses regarding the influence of institutional investors, this study categorizes each institution as a dedicated, transient and quasi-indexer using Bushee's (1998) classification. Then this study eliminates those with marginal ownership (less than 1 percent) and keeps only those with sufficient ownership to promote their interest. Such cutoff was consistent with the previous research on the influence of institutional investors (Tihanyi et al., 2003). *Dedicated ownership* is percentage yielded from dividing the number of shares that dedicated institutional investors own, by the total number of shares outstanding. *Transient and quasi-indexer ownership* were calculated in the same way. As explained above, both dedicated and quasi-indexer have tendency to hold ownership positions for a long period of time. Hence, this study merges ownership ratio of the two categories and labels dedicated ownership to distinguish the effects between long-term and short-term owners more clearly.

*Executive discretion* was calculated as percentage of total equity holdings of chief executive officers at the end of given fiscal year. CEOs who hold significant amount of equity probably more likely to be interested in long-term growth of the firm because it increases the value of their personal assets. The more attention executives pay to long-term value, the stronger they may feel a need to conform to external pressure to reduce carbon dioxide emission. Moreover, significant ownership also represents power to be less affected by other shareholders such as transient institutional investors.

*Institutional investor ownership* was measured as the total number of shares held by institutional investors divided by total shares outstanding. The data on institutional investor ownership are obtained from Thomson Reuters 13F institution holding dataset.

*Firm age* captures the calendar time between firm foundation and the fiscal year of carbon dioxide emission report. Since S&P COMPUSTAT does not provide information on the firm age, 10-K reports from EDGAR Database of the Securities and Exchange Commission (SEC), and Center for Research in Security Prices (CRPS) dataset were employed to identify the founding year of the firms.

**Control Variables**

Control variables in this research are consistent with previous literatures focusing on environmental performance of the firm, and CSR activities (Berrone et al., 2010; Westphal and Zajac, 2001; Flammer, 2015). Variables mainly control for firm size and financial performance that have been shown to influence the environmental performance of firms. For example, the $CO_2$ emission of larger company may be greater due to the larger scale of operations. The firms' financials are from Standard & Poor's COMPUSTAT dataset. *Logged market value* is calculated as the stock price multiplied by the number of shares outstanding at the end of the fiscal year. *Logged total assets* gauges the book value of assets. *Capital expenditure* is capital expenditure divided by total assets. *Cash* is the ratio of cash and short-term investments to total assets. *Tobin's Q* is the ratio of the market value of total assets to the book value of total assets. *ROE* is the ratio of operating income before depreciation to the book value of equity plus deferred taxes and investment tax credit.

**Analysis**

To estimate the emission tendency of firms, this study applies pooled cross-sectional time series regression that indicate the average effect of the independent variables over the full period (Greene, 1993). This study estimates the following regression:

$$CO2\ emission_i = \beta_1 + \beta_2 X_{2i} + \beta_3 X_{3i} + \beta_4 X_{4i} + \beta_5 X_{5i} + \beta_6 X_{6i} + \gamma' X_{7i} + \varepsilon_i.$$

(1)

Where $X_{7i}$ is vector of control variables. To estimate interaction effect between CEO discretion and transient ownership on environmental performance of firms, this study estimates the following regression:

$$CO2\ emission_i = \beta_1 + \beta_3 X_{3i} + \beta_5 X_{5i} + \beta_7 (X_{3i} X_{5i}) + \gamma' X_{7i} + \varepsilon_i.$$

(2)

Control variables fathom organizational size in an attempt to reduce possible confounds driven by omitted variables.

This study also includes year dummy variables to control for time effect of the panel data. This study employs Hausman test which compares fitness of fixed and random effect model, and the null hypothesis was rejected (p<0.001). Further, since the dataset includes identical information on institutional investor ownership, autocorrelation in variables is suspected. However, Wooldridge test does not reject the null hypothesis meaning that there is no serial autocorrelation in variables. Table 1 reports the descriptive statistics and correlations for all variables in this study. Correlation levels suggests no significance of multicollinearity.

## RESULTS

Table 2 presents the result of pooled OLS regressions, and all Models include year fixed effects. The effect of control variables is tested in Model 1. Interestingly, market value and cash are negatively associated with $CO_2$ emission trend, while total assets and capital expenditure show positive association. Tobin's Q and return on equity are not statistically significant. Model 2 to Model 6 represent individual effect of independent variables on environmental performance. Model 8 to Model 12 represent the stepwise effect. Model 7 represents interaction effect between transient ownership and CEO discretion.

Hypothesis 1 states that a firm age is positively related to responses complying to institutional pressure. Model 2 in Table 2 reports the regression results that test this relationship. Consistent with prior studies, the coefficient for firm age is negative and statistically significant ($p<0.1$) rejecting hypothesis 1. Hypothesis 2 postulates a positive relationship between CEO discretion and environmental performance. Model 3 and Model 8 bolster statistically significant ($p<0.1$) negative relationship meaning that CEO discretion is positively associated with organizational compliance to institutional pressure. Thus, hypothesis 2 is supported. Hypothesis 3 examines the ownership effect of overall institutional investors on organizational response to institutional pressure. Model 4 and Model 9 show consistency in result that institutional investors influence long-term organizational decision of firms. Yet, it does not show any significance, rejecting hypothesis 3. Hypothesis 4 and 5a examine how different investment style of institutional investors influence organizational response to institutional pressure. Model 5 demonstrates individual effect of transient ownership on $CO_2$ emission of firms, and the relationship, as expected, is positive. Model 6 reveals the negative relationship between dedicated institutional investors ownership and $CO_2$ emission of firms. Model 5 and 6 are marginally insignificant (p-value = 0.107, 0.109 respectively) but Model 10 and Model 11 are statistically significant thereby generally supporting hypothesis 4 and 5a.

Finally, hypothesis 5b focuses on interactive effects of transient ownership and CEO discretion on environmental performance of firms. Model 7 shows that the relationship is not significant, lending no support to hypothesis 5b.

## DISCUSSION AND CONCLUSION

This study aimed to answer the primary research question of whether the ownership structure significantly influences a firm's response to institutional pressure. First, this study examined the effect of firm age and executive discretion. This study found that the older a firm is, the more tendency it has toward improving its environmental performance in response to external institutional pressure. Despite path dependence and embedded routines in their operation practice, older firms are more capable of quick response to external institutional pressure, perhaps not to damage their legitimacy and to increase chances of survival. Second, executive discretion is positively related to environmental performance: the more powerful executives are, the more tendency they have toward reducing carbon dioxide emission, complying better with institutional pressure. Third, this study investigated how institutional ownership and different interests among firms influence organizational response to institutional pressure. The results demonstrate various responses contingent on the preferences of institutional investors and their ownership position. This study concludes that dedicated institutional ownership was positively related compliance, and transient ownership showed the opposite tendencies.

This study contributes to several research streams. First, this study attempts to add on to the strategic management research. While most former studies tend to view institutional investors as one cohesive entity, some studies have viewed them as a collection of short-term investors looking for only quick return on their investment. In contrast, other studies have defined them as a group of long-term investors who tend to monitor and counterbalance myopic decisions of management. Yet, this study argues that different preference in risk, value, and growth exist between disparate institutional investors, and that their influences on environmental performance also vary by the discrepancy. These findings highlight the diverse motivations of institutional investors and their impact on firm performance in management research.

Second, this study adds on to the previous literature on agency theory as well. The results of this study suggest that the extent to which institutional investors possess different goals in their investment significantly influences the organizational decisions. Some investors are more interested in long-term growth and returns, while others keenly look for short-term returns and sensitively avoid risks for holding ownership for longer period. In addition, the broader contribution that this study may impose on agency theory may be that it attempts to explicate organizational decision-making process with the level of executive discretion while taking heterogeneous ownership structure and their different preferences into account. Agency theory typically argues that incentivizing agents reduce disalignment between agent and principals (Dalton et al., 2007). The results of this study prove that the different interest between principals and the distribution of power among them can also influence the executive actions.

Third, more broadly, this study also adds to the literature on institutional theory and environmental performance studies. The GHGRP dataset this study reconstruct here aligns with elevated interest of U.S. administration and authorities between 2009 to 2011 that aimed to reduce carbon dioxide emission. By aggregating all facility level $CO_2$ emission into firm level, the dataset allows this project to explore not only the types of firms that collectively conform to the institutional pressure but also the extent to which they conform.

This study is not free of limitations. Due to data limitation from EPA, the short time frame considered in the analysis (2011-2017) requires the use of average values to reduce confounding effect of fluctuation in the observed variables. Moreover, the environmental performance may not change as quickly as it is expected to in a year or two. Thus, it is important to identify which firms improve their performance and how long it takes to recognize palpable changes. Future researches will be more meaningful, if they attempt to increase the number of firms included and extend time frames. Another limitation is that this study only examines the class2 of Bushee's dataset, which classifies institutional investors based on the duration of holdings and their tendency of constructing portfolio. Future research could be better conducted on examining other classifications such as value driven versus growth driven owners.

In addition, according to survey conducted by Kreuger et al. (2018), the majority portion of institutional investors responded that environmental reporting was as important as financial reporting (Flammer et al., 2019). Furthermore, firms may not choose to comply to institutional pressure simply because the cost of non-compliance (i.e. fine, law suit expenses) is cheaper than making commitment to the pressure. Lee and Lounsbury (2015) argues that communities with a dominant politically conservative logic are skeptical about environmental performance. Facilities in those communities tend to show non-compliance to institutional pressure to improve environmental performance. However, the unit of analysis in this study is on firm level, and the performance measure aggregates all emission from multiple facilities located in multiple communities. Future research could look into political logic of CEOs of each firm, and control the effect for more finer-grained analysis.

In sum, this study contributes to the management literature by analyzing the relationship between different institutional ownership and the firm response to institutional pressures. This study expands the scope of former agency and corporate governance literatures, and delineates how ownership structure influences organizational decision in a unique empirical setting. These findings uncover a mechanism that previous studies have not paid enough attention to. Future research could explore deeper into the question of how different characteristics existing between owners and executives interact in influencing organizational decision-making process of various spheres such as innovation, competition, and M&A decisions.

# REFERENCES

Abarbanell, J. S., Bushee, B. J., & Smith Raedy, J. (2003). Institutional investor preferences and price pressure: The case of corporate spin-offs. The Journal of Business, 76(2), 233-261.

Bansal, P., & Clelland, I. (2004). Talking trash: Legitimacy, impression management, and unsystematic risk in the context of the natural environment. Academy of Management Journal, 47(1), 93-103.

Barnea, A., & Rubin, A. (2010). Corporate social responsibility as a conflict between shareholders. Journal of business ethics, 97(1), 71-86.

Berrone, P., & Gomez-Mejia, L. R. (2009). Environmental performance and executive compensation: An integrated agency-institutional perspective. Academy of Management Journal, 52(1), 103-126.

Berrone, P., Cruz, C., Gomez-Mejia, L. R., & Larraza-Kintana, M. (2010). Socioemotional wealth and corporate responses to institutional pressures: Do family-controlled firms pollute less?. Administrative science quarterly, 55(1), 82-113.

Berrone, P., Fosfuri, A., Gelabert, L., & Gomez-Mejia, L. R. (2013). Necessity as the mother of 'green'inventions: Institutional pressures and environmental innovations. Strategic Management Journal, 34(8), 891-909.

Bushee, B. J. (1998). The influence of institutional investors on myopic R&D investment behavior. Accounting review, 305-333.

Bushee, B. J. (2000). A taxonomy of institutional investors. Investor Relations

Quarterly, 2(4), 13-18.

Bushee, B. J. (2001). Do institutional investors prefer near-term earnings over

long-run value?. Contemporary Accounting Research, 18(2), 207-246.

Connelly, B. L., Hoskisson, R. E., Tihanyi, L., & Certo, S. T. (2010). Ownership as

a form of corporate governance. Journal of management studies, 47(8), 1561-1589.

Dalton, D. R., Hitt, M. A., Certo, S. T., & Dalton, C. M. (2007). 1 the fundamental

agency problem and its mitigation: independence, equity, and the market for corporate control. The academy of management annals, 1(1), 1-64.

DiMaggio, P. J., & Powell, W. W. (1983). The iron cage revisited: Institutional

isomorphism and collective rationality in organizational fields. American sociological review, 147-160.

DiMaggio, P. (1988). Interest and agency in institutional theory. *Institutional*

*patterns and organizations culture and environment*, 3-21.

Donaldson, T., & Preston, L. E. (1995). The stakeholder theory of the corporation:

Concepts, evidence, and implications. Academy of management Review, 20(1), 65-91.

Eisenhardt, K. M. (1989). Agency theory: An assessment and review. Academy of

management review, 14(1), 57-74.

Fabrizio, K., Flammer, C., Toffel, M., Viswanathan, K., (2019). Improving

corporate governance: Shareholder activism and the voluntary disclosure of climate risks. Working Paper.

Fama, E. F., & Jensen, M. C. (1983). Separation of ownership and control. The

journal of law and Economics, 26(2), 301-325.

Flammer, C. (2015). Does corporate social responsibility lead to superior financial

performance? A regression discontinuity approach. Management Science, 61(11), 2549-2568.

Gillan, S. L., & Starks, L. T. (2007). The evolution of shareholder activism in the

United States. Journal of Applied Corporate Finance, 19(1), 55-73.

Greene, W. H. (1993). Econometric analysis, 2000. Upper Saddle River NJ.

Greenwood, R., & Suddaby, R. (2006). Institutional entrepreneurship in mature

fields: The big five accounting firms. Academy of Management journal, 49(1), 27-48.

Grinstein, Y., & Michaely, R. (2005). Institutional holdings and payout policy. The

Journal of Finance, 60(3), 1389-1426.

Hart, S. L., & Ahuja, G. (1996). Does it pay to be green? An empirical examination of the relationship between emission reduction and firm performance. Business strategy and the Environment, 5(1), 30-37.

Hoffman, A. J. (1999). Institutional evolution and change: Environmentalism and the US chemical industry. Academy of management journal, 42(4), 351-371.

Koh, P. S. (2007). Institutional investor type, earnings management and benchmark beaters. Journal of Accounting and Public Policy, 26(3), 267-299.

Lee, M. D. P., & Lounsbury, M. (2015). Filtering institutional logics: Community logic variation and differential responses to the institutional complexity of toxic waste. Organization Science, 26(3), 847-866.

Meyer, J. W., & Rowan, B. (1977). Institutionalized organizations: Formal structure as myth and ceremony. American journal of sociology, 83(2), 340-363.

North, D. C. (1990). A transaction cost theory of politics. Journal of theoretical politics, 2(4), 355-367.

Oliver, C. (1991). Strategic responses to institutional processes. Academy of management review, 16(1), 145-179.

Parrino, R., Sias, R. W., & Starks, L. T. (2003). Voting with their feet: Institutional ownership changes around forced CEO turnover. Journal of financial economics, 68(1), 3-46.

Peng, M. W. (2004). Outside directors and firm performance during institutional transitions. Strategic management journal, 25(5), 453-471.

Porter, M. E. (1992). Capital choices: Changing the way America invests in industry. Journal of Applied Corporate Finance, 5(2), 4-16.

Rajagopalan, N. (1997). Strategic orientations, incentive plan adoptions, and firm performance: Evidence from electric utility firms. Strategic Management Journal, 18(10), 761-785.

Romanelli, E., & Tushman, M. L. (1986). Inertia, environments, and strategic choice: A quasi-experimental design for comparative-longitudinal research. Management Science, 32(5), 608-621.

Sanders, W. G. (2001). Behavioral responses of CEOs to stock ownership and stock option pay. Academy of Management journal, 44(3), 477-492.

Sandin, M., Piikki, K., Jarvis, N., Larsbo, M., Bishop, K., & Kreuger, J. (2018). Spatial and temporal patterns of pesticide concentrations in streamflow, drainage and runoff in a small Swedish agricultural catchment. Science of the Total Environment, 610, 623-634.

Scott, W. R. (2005). Institutional theory: Contributing to a theoretical research
program. Great minds in management: The process of theory development, 37(2005), 460-484.

Suchman, M. C. (1995). Managing legitimacy: Strategic and institutional
approaches. Academy of management review, 20(3), 571-610.

Tihanyi, L., Johnson, R. A., Hoskisson, R. E., & Hitt, M. A. (2003). Institutional
ownership differences and international diversification: The effects of boards of directors and technological opportunity. Academy of Management Journal, 46(2), 195-211.

Villalonga, B., & Amit, R. (2006). How do family ownership, control and
management affect firm value?. Journal of financial Economics, 80(2), 385-417.

Westphal, J. D., & Zajac, E. J. (2001). Explaining institutional decoupling: The
case of stock repurchase programs. Administrative Science Quarterly, 46, 202-228.

Westphal, J. D., & Zajac, E. J. (1998). The symbolic management of stockholders:
Corporate governance reforms and shareholder reactions.

Zajac, E. J., & Westphal, J. D. (1994). The costs and benefits of managerial incentives and monitoring in large US corporations: When is more not better?. Strategic management journal, 15(S1), 121-142.

Zajac, E. J., & Westphal, J. D. (1996, August). DIRECTOR REPUTATION, CEO/BOARD POWER, AND THE DYNAMICS OF BOARD INTERLOCKS. In Academy of Management Proceedings (Vol. 1996, No. 1, pp. 254-258). Briarcliff Manor, NY 10510: Academy of Management.

*Finnguil Williams*

*Portfolios That Make A Difference*
## 자신을 부각시킬 수 있는 포트폴리오
(공학과 자연과학 지원자를 위한)

여기서 소개하는 포트폴리오는 가장 완벽한 형태의 포트폴리오라 할 수 있다. 모든 지원자들이 이와 같은 포트폴리오를 제출할 수는 없을 것이다. 하지만, 포트폴리오가 합격에 미치는 중요한 영향력을 고려해서 최선을 다해야 한다는 조언을 해주고 싶다.

▶ PAGE 1

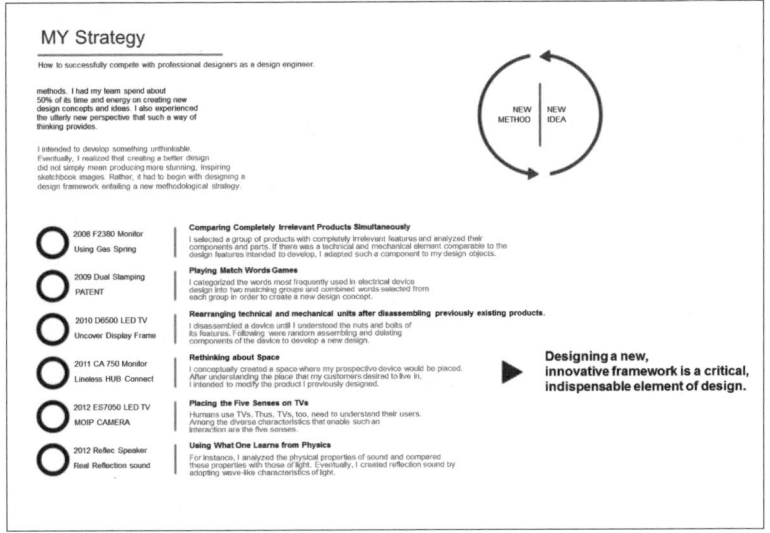

## My Strategy

How to successfully compete with professional designers as a design engineer.

Creating new, ingenious ideas relies on thinking the unthinkable and creating innovative methods. I had my team spend about 50% of its time and energy on creating new design concepts and ideas. I also experienced the utterly new perspective that such a way of thinking provides.

I intended to develop something unthinkable. Eventually, I

realized that creating a better design did not simply mean producing more stunning, inspiring sketchbook images. Rather, it had to begin with designing a design framework entailing a new methodological strategy.

### Comparing Completely Irrelevant Products Simultaneously

: I selected a group of products with completely irrelevant features and analyzed their components and parts. If there was a technical and mechanical element comparable to the design features intended to develop, I adapted such a component to my design objects.

### Playing Match Words Games

: I categorized the words most frequently used in electrical device design into two matching groups and combined words selected from each group in order to create a new design concept.

### Rearranging technical and mechanical units after disassembling previously existing products.

: I disassembled a device until I understood the nuts and bolts of its features. Following were random assembling and deleting components of the device to develop a new design.

**Rethinking about Space**

: I conceptually created a space where my prospective device would be placed. After understanding the place that my customers desired to live in, I intended to modify the product I previously designed.

**Placing the Five Senses on TVs**

: Humans use TVs. Thus, TVs, too, need to understand their users. Among the diverse characteristics that enable such an interaction are the five senses.

**Using What One Learns from Physics**

: For instance, I analyzed the physical properties of sound and compared these properties with those of light. Eventually, I created reflection sound by adopting wave-like characteristics of light.

---

▶ **Designing a new, innovative framework is a critical, indispensable element of design.**

▶ PAGE 2

## ES7050 LED TV

**Smart Interaction**

The World First Humanoid Product Recognizing the Five Senses through the Samsung MOIP Camera

▶ PAGE 3

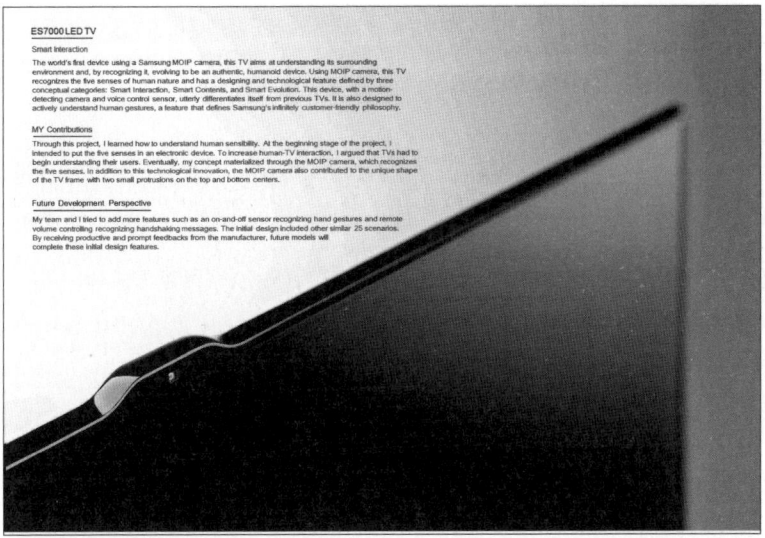

## ES7050 LED TV

**Smart Interaction**

The world's first device using a Samsung MOIP camera, this TV aims at understanding its surrounding environment and, by recognizing it, evolving to be an authentic, humanoid device. Using MOIP camera, this TV recognizes the five senses of human nature and has a designing and technological feature defined by three conceptual categories: Smart Interaction, Smart Contents, and Smart Evolution. This device, with a motion-detecting camera and voice control sensor, utterly differentiates itself from previous TVs. It is also designed to actively understand human gestures, a feature that defines

Samsung's infinitely customer-friendly philosophy.

## My Contributions

Through this project, I learned how to understand human sensibility. At the beginning stage of the project, I intended to put the five senses in an electronic device. To increase human-TV interaction, I argued that TVs had to begin understanding their users. Eventually, my concept materialized through the MOIP camera, which recognizes the five senses. In addition to this technological innovation, the MOIP camera also contributed to the unique shape of the TV frame with two small protrusions on the top and bottom centers.

## Future Development Perspective

My team and I tried to add more features such as an on-and-off sensor recognizing hand gestures and remote volume controlling recognizing handshaking messages. The initial design included other similar 25 scenarios. By receiving productive and prompt feedbacks from the manufacturer, future models will complete these initial design features.

▸ PAGE 4

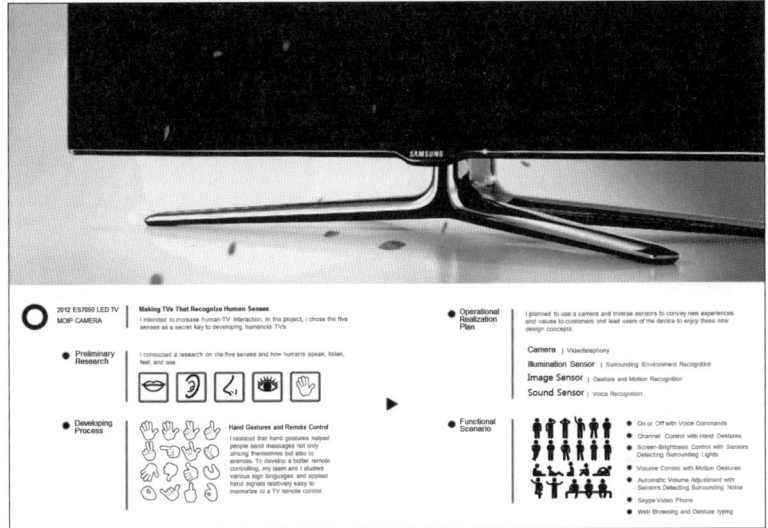

## Making TVs That Recognize Human Senses

I intended to increase human-TV interaction. In the project, I chose the five senses as a secret key to developing humanoid TVs.

## Preliminary Research

I conducted a research on the five senses and how humans speak, listen, feel, and see.

## Developing Process
### Hand Gestures and Remote Control

I realized that hand gestures helped people send messages

not only among themselves but also to animals. To develop a better remote controlling, my team and I studied various sign languages and applied hand signals relatively easy to memorize to a TV remote control.

**Operational Realization Plan**

I planned to use a camera and diverse sensors to convey new experiences and values to customers and lead users of the device to enjoy these new design concepts.

    **Camera:** Videotelephony

    **Illumination Sensor:** Surrounding Environment Recognition

    **Image Sensor:** Gesture and Motion Recognition

    **Sound Sensor:** Voice Recognition

**Functional Scenario**

- On or Off with Voice Commands
- Volume and Channel Control with Hand Gestures
- Screen-Brightness Control with Sensors Detecting Surrounding Lights
- Volume Control with Motion Gestures
- Automatic Volume Adjustment with Sensors Detecting Surrounding Noise
- Skype Video Phone
- Web Browsing and Gesture typing

▶ PAGE 5

No translation exists.

▶ PAGE 6

## F2380 LED Monitor

**Sensation in Motion**

The world's first height adjustment system with gas spring that reflects an infinite degree of sensation.

▶ PAGE 7

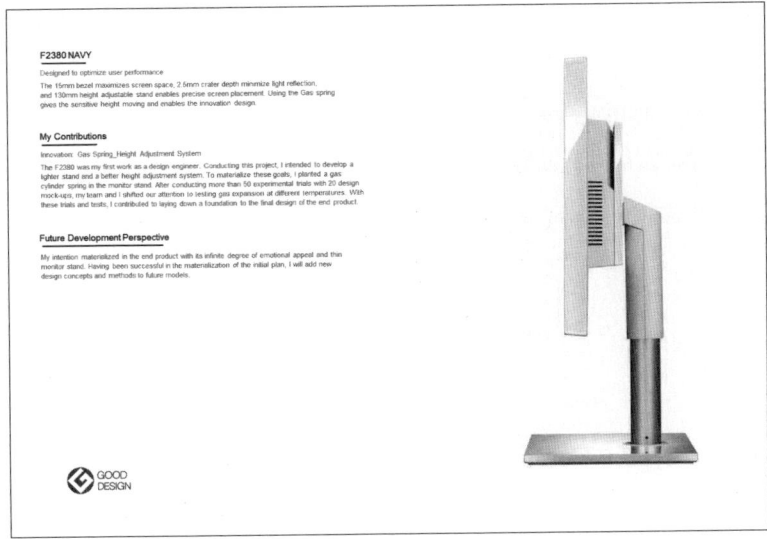

## My Contributions

Innovation: Gas Spring_Height Adjustment System

The F2380 was my first work as a design engineer. Conducting this project, I intended to develop a lighter stand and a better height adjustment system. To materialize these goals, I planted a gas cylinder spring in the monitor stand. After conducting more than 50 experimental trials with 20 design mock-ups, my team and I shifted our attention to testing gas expansion at different temperatures. With these trials and tests, I contributed to laying down a foundation to the final design of the end product.

## Future Development Perspective

My intention materialized in the end product with its infinite degree of emotional appeal and thin monitor stand. Having been successful in the materialization of the initial plan, I will add new design concepts and methods to future models.

▶ PAGE 8

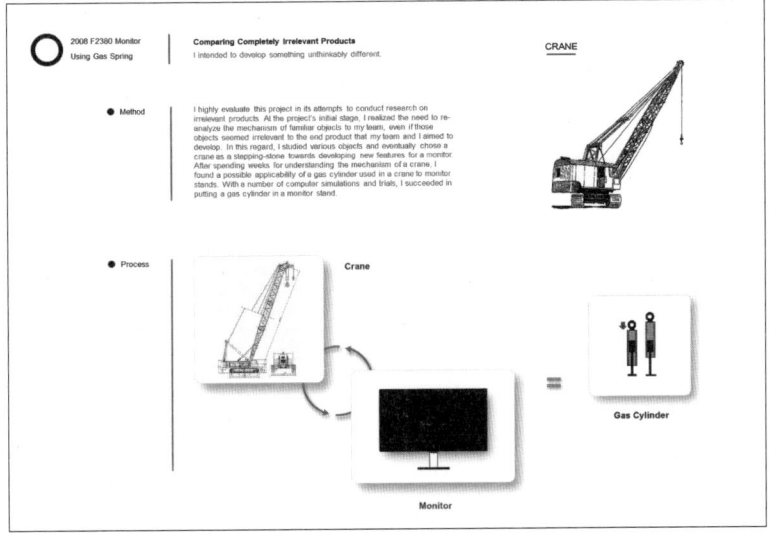

**Comparing Completely Irrelevant Products**

I intended to develop something unthinkably different.

## Method

I highly evaluate this project in its attempts to conduct research on irrelevant products. At the project's initial stage, I realized the need to re-analyze the mechanism of familiar objects to my team, even if those objects seemed irrelevant to the end product that my team and I aimed to develop. In this regard, I studied various objects and eventually chose a crane as a stepping-stone towards developing new features for a monitor. After spending weeks for understanding the mechanism of a crane, I found a possible applicability of a gas cylinder used in a crane to monitor stands. With a number of computer simulations and trials, I succeeded in putting a gas cylinder in a monitor stand.

▶ PAGE 9

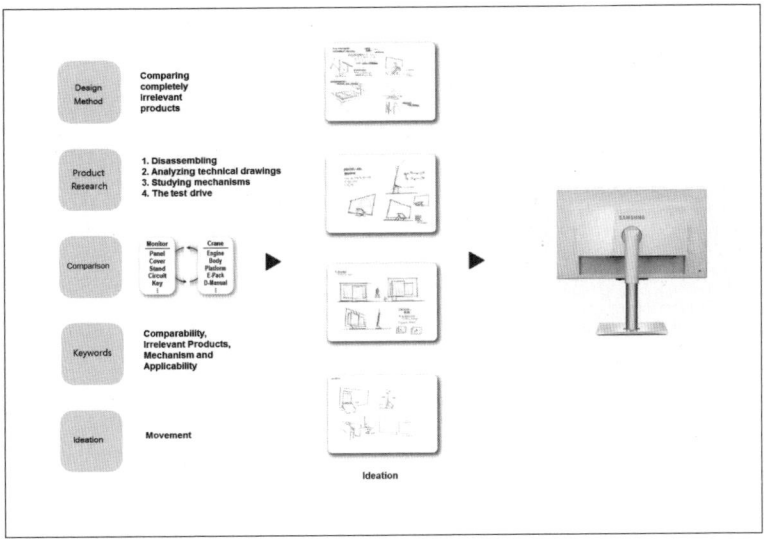

## Design Method

Comparing completely irrelevant products

## Product Research

1. Disassembling
2. Analyzing technical drawings
3. Studying mechanisms
4. The test drive

## Comparison

# Keywords

Comparability

Irrelevant Products

Mechanism, and Applicability

▶ PAGE 10

## LED 6500

**Narrow Bezel**

One design reveals itself through the integration between front cover and panel — a defining marker of Samsung's design identity.

▶ PAGE 11

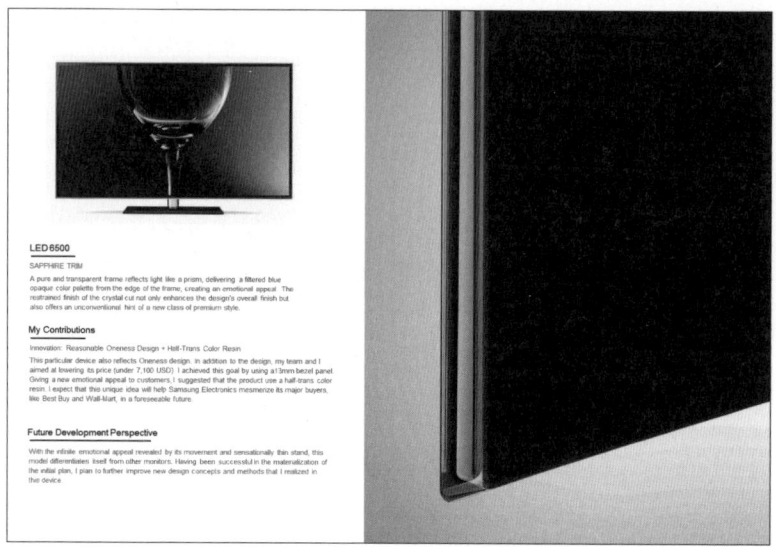

## My Contributions

### Innovation: Reasonable Oneness Design + Half-Trans Color Resin

This particular device also reflects Oneness design. In addition to the design, my team and I aimed at lowering its price (under 7,100 USD). I achieved this goal by using a13mm bezel panel. Giving a new emotional appeal to customers, I suggested that the product use a half-trans color resin. I expect that this unique idea will help Samsung Electronics mesmerize its major buyers, like Best Buy and Wall-Mart, in a foreseeable future.

## Future Development Perspective

With the infinite emotional appeal revealed by its movement and sensationally thin stand, this model differentiates itself from other monitors. Having been successful in the materialization of the initial plan, I plan to further improve new design concepts and methods that I realized in this device.

▸ PAGE 12

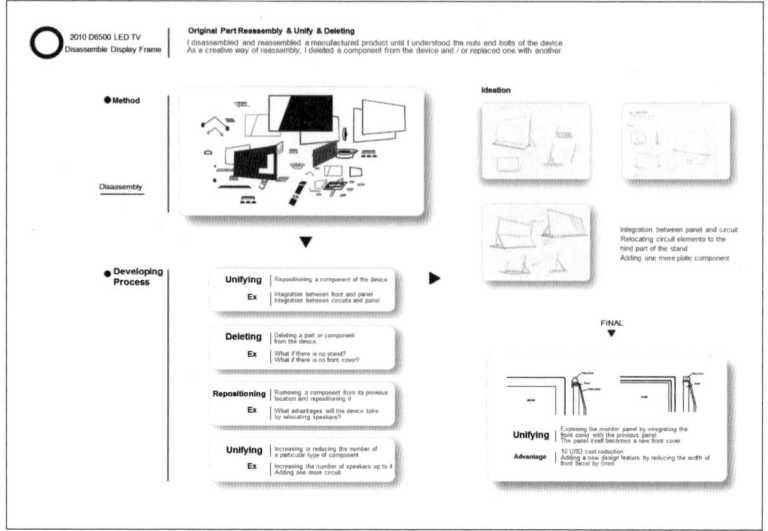

# 2010 D6500 LED TV

### Disassemble Display Frame

I disassembled and reassembled a manufactured product until I understood the nuts and bolts of the device. As a creative way of reassembly, I deleted a component from the device and / or replaced one with another.

## Method

### Disassembly

## Developing Process

**Unifying | Repositioning a component of the device**

Ex. Integration between front and panel / Integration between circuits and panel

**Deleting | Deleting a part or component from the device**

Ex. What if there is no stand? / What if there is no front cover?

**Repositioning | Removing a component from its previous location and repositioning it**

Ex. What advantages will the device take by relocating speakers?

**Comparing | Increasing or reducing the number of a particular type of component**

Ex. Increasing the number of speakers up to 4 / Adding one more circuit

## Ideation

Integration between panel and circuit
Relocating circuit elements to the hind part of the stand
Adding one more plate component

# Final

**Unifying**

Exposing the monitor panel by integrating the front cover with the previous panel / the panel itself becomes a new front cover.

**Advantage**

10 USD cost reduction / adding a new design feature by reducing the width of front bezel by 5mm

▶ PAGE 13

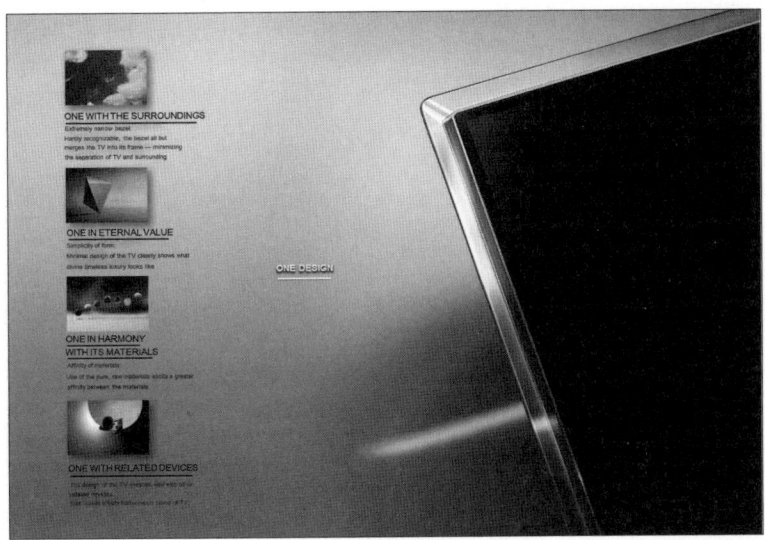

No translation exists.

Appendix 3. 자신을 부각시킬 수 있는 포트폴리오

▸ PAGE 14

## Central Station Monitor

A home wireless network hub automatically telecommunicating with other devices

▸ PAGE 15

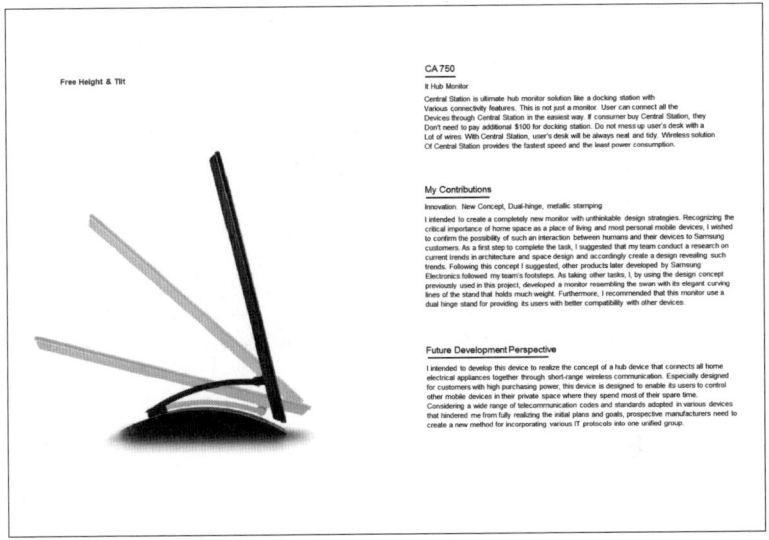

## My Contributions

### Innovation: New Conc Pt, Dual-hinge, metallic stamping

I intended to create a completely new monitor with unthinkable design strategies. Recognizing the critical importance of home space as a place of living and most personal mobile devices, I wished to confirm the possibility of such an interaction between humans and their devices to Samsung customers. As a first step to complete the task, I suggested that my team conduct a research on current trends in architecture and space design and accordingly create a design revealing such trends. Following this concept I suggested, other products later developed by Samsung Electronics followed my team's footsteps. As taking other tasks, I, by using the design concept previously used in this project, developed a monitor resembling the swan with its elegant curving lines of the stand that holds much weight. Furthermore, I recommended that this monitor use a dual hinge stand for providing its users with better compatibility with other devices.

## Future Development Perspective

I intended to develop this device to realize the concept of a hub device that connects all home electrical appliances together through short-range wireless communication. Especially designed for customers with high purchasing power, this device is designed to enable its users to control other mobile devices in their private space where they spend most of their spare time. Considering a wide range of telecommunication codes and standards adopted in various devices that hindered me from fully realizing the initial plans and goals, prospective manufacturers need to create a new method for incorporating various IT protocols into one unified group.

▶ PAGE 16

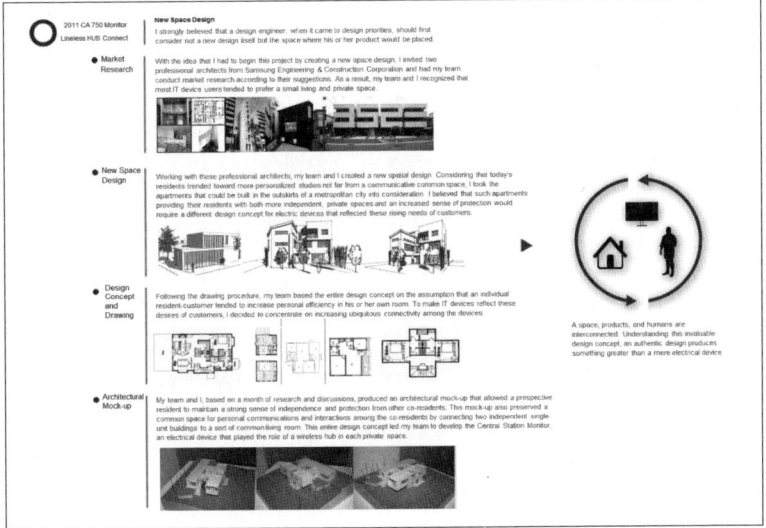

# 2011 CA 750 Monitor

### Lineless HUB Connect | New Space Design

I strongly believed that a design engineer, when it came to design priorities, should first consider not a new design itself but the space where his or her product would be placed.

### Market Research

With the idea that I had to begin this project by creating a new space design, I invited two professional architects from Samsung Engineering & Construction Corporation and had my team conduct market research according to their suggestions. As a result, my team and I recognized that most IT device users tended to prefer a small living and private space.

**New Space Design**

Working with these professional architects, my team and I created a new spatial design. Considering that today's residents trended toward more personalized studios not far from a communicative common space, I took the apartments that could be built in the outskirts of a metropolitan city into consideration. I believed that such apartments providing their residents with both more independent, private spaces and an increased sense of protection would require a different design concept for electric devices that reflected these rising needs of customers.

**Design Concept and Drawing**

Following the drawing procedure, my team based the entire design concept on the assumption that an individual resident-customer tended to increase personal efficiency in his or her own room. To make IT devices reflect these desires of customers, I decided to concentrate on increasing ubiquitous connectivity among the devices.

**Architectural Mock-up**

My team and I, based on a month of research and discussions, produced an architectural mock-up that allowed a prospective resident to maintain a strong sense of independence and protection from other co-residents. This mock-up also preserved a common space for personal communications and interactions among the co-residents by connecting two independent single-unit buildings to a sort of common living room. This entire design concept led my team to develop the Central Station Monitor, an electrical device that played the role of a wireless hub in each private space.

A space, products, and humans are interconnected. Understanding this invaluable design concept, an authentic design produces something greater than a mere electrical device.

▶ PAGE 17

No translation exists.

▶ PAGE 18

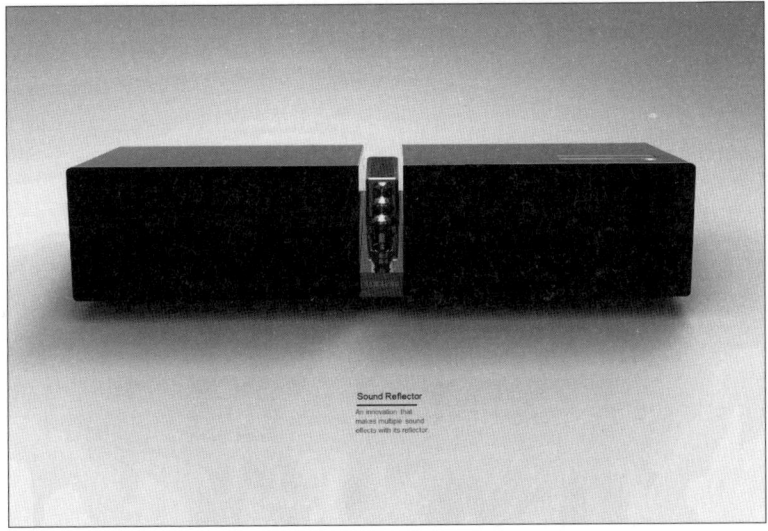

## Sound Reflector

An innovation that makes multiple sound effects with its reflector.

▶ PAGE 19

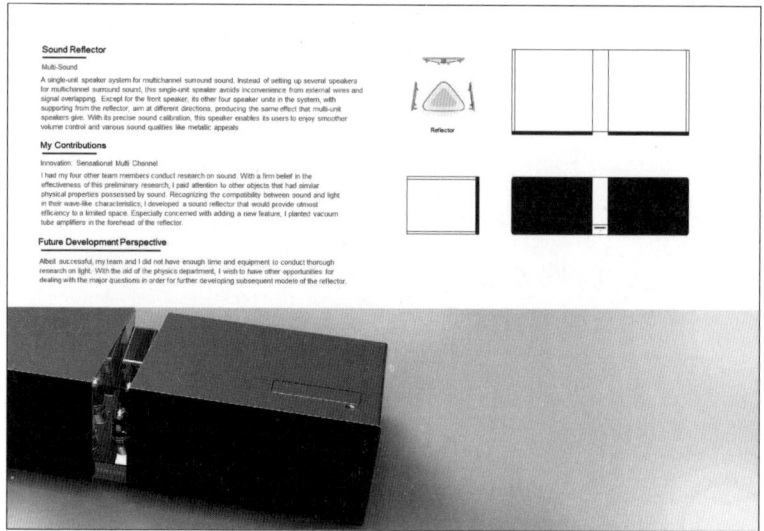

# Sound Reflector

**Multi-Sound**

A single-unit speaker system for multichannel surround sound. Instead of setting up several speakers for multichannel surround sound, this single-unit speaker avoids inconvenience from external wires and signal overlapping. Except for the front speaker, its other four speaker units in the system, with supporting from the reflector, aim at different directions, producing the same effect that multi-unit speakers give. With its precise sound calibration, this speaker enables its users to enjoy smoother volume control and various sound qualities like metallic appeals.

# My Contributions

### Innovation: Sensational Multi Channel

I had my four other team members conduct research on sound. With a firm belief in the effectiveness of this preliminary research, I paid attention to other objects that had similar physical properties possessed by sound. Recognizing the compatibility between sound and light in their wave-like characteristics, I developed a sound reflector that would provide utmost efficiency to a limited space. Especially concerned with adding a new feature, I planted vacuum tube amplifiers in the forehead of the reflector.

## Future Development Perspective

Albeit successful, my team and I did not have enough time and equipment to conduct thorough research on light. With the aid of the physics department, I wish to have other opportunities for dealing with the major questions in order for further developing subsequent models of the reflector.

▶ PAGE 20

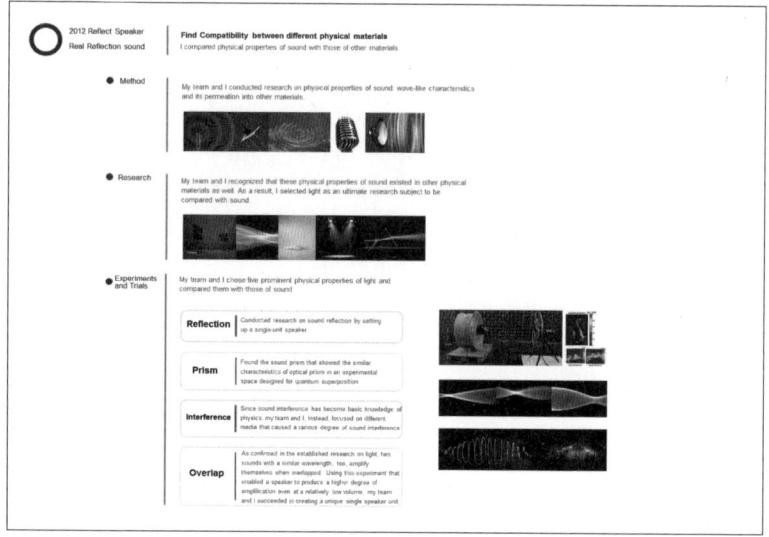

## 2012 Reflect Speaker | Real Reflection Sound

### Find Compatibility between different physical materials

I compared physical properties of sound with those of other materials.

### Method

My team and I conducted research on physical properties of sound: wave-like characteristics and its permeation into other materials.

### Research

My team and I recognized that these physical properties of

sound existed in other physical materials as well. As a result, I selected light as an ultimate research subject to be compared with sound.

**Experiments and Trials**

My team and I chose five prominent physical properties of light and compared them with those of sound.

- Reflection: Conducted research on sound reflection by setting up a single-unit speaker
- Prism: Found the sound prism that showed the similar characteristics of optical prism in an experimental space designed for quantum superposition.
- Interference: Since sound interference has become basic knowledge of physics, my team and I, instead, focused on different media that caused a various degree of sound interference
- Overlap: As confirmed in the established research on light, two sounds with a similar wavelength, too, amplify themselves when overlapped. Using this experiment that enabled a speaker to produce a higher degree of amplification even at a relatively low volume, my team and I succeeded in creating a unique single speaker unit.

▶ PAGE 21

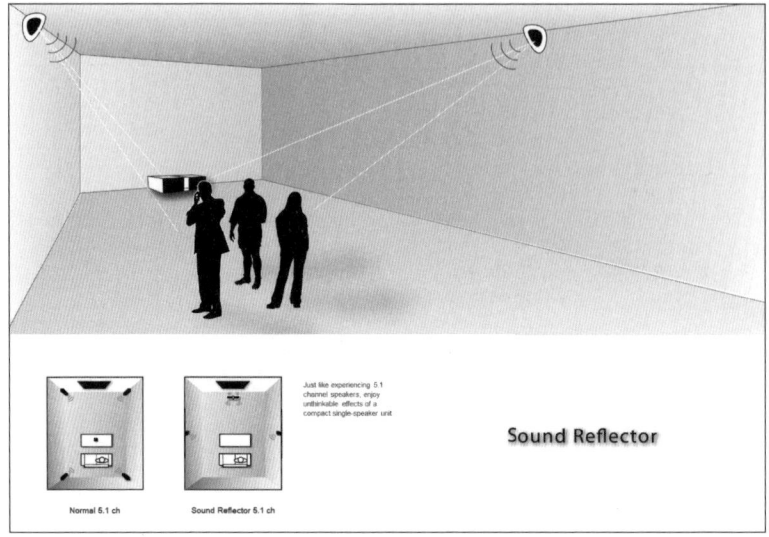

Just like experiencing 5.1 channel speakers, enjoy unthinkable effects of a compact single-speaker unit.

▶ PAGE 22

## Dual Stamping

The world's first stamping technology magically revealing dual surfaces

▶ PAGE 23

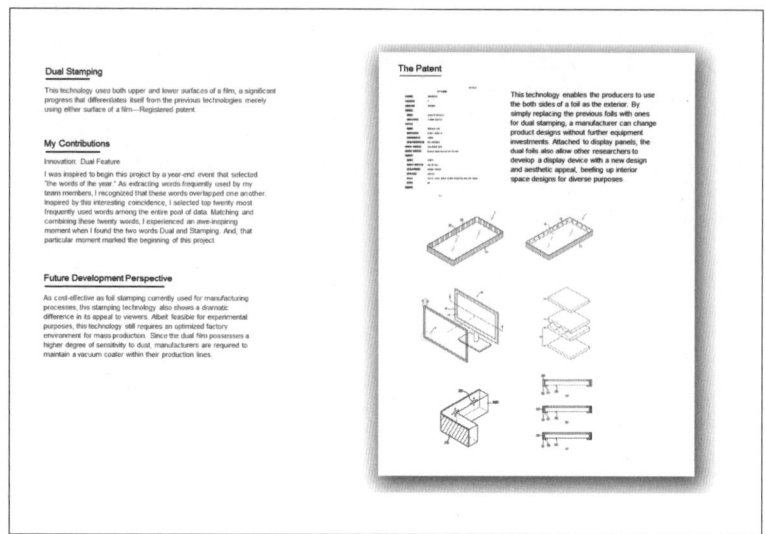

## Dual Stamping

This technology uses both upper and lower surfaces of a film, a significant progress that differentiates itself from the previous technologies merely using either surface of a film—Registered patent.

## My Contributions

### Innovation: Dual Feature

I was inspired to begin this project by a year-end event that selected "the words of the year." As extracting words frequently used by my team members, I recognized that these words overlapped one another. Inspired by this interesting coincidence, I selected top twenty most frequently used words among the entire pool of data. Matching and combining these twenty words, I experienced an awe-inspiring moment when I found the two words *Dual* and *Stamping*. And, that particular moment marked the beginning of this project.

## Future Development Perspective

As cost-effective as foil stamping currently used for manufacturing processes, this stamping technology also shows a dramatic difference in its appeal to viewers. Albeit feasible for experimental purposes, this technology still requires an optimized factory environment for mass production. Since the dual film possesses a higher degree of sensitivity to dust, manufacturers are required to maintain a vacuum coater within their production lines.

## The Patent

This technology enables the producers to use the both sides of a foil as the exterior. By simply replacing the previous foils with ones for dual stamping, a manufacturer can change product designs without further equipment investments. Attached to display panels, the dual foils also allow other researchers to develop a display device with a new design and aesthetic appeal, beefing up interior space designs for diverse purposes.

Finnguil Williams

*Everything You Should Know about
Sending An Email to A Faculty Member*

교수 컨택 메일에 대한 모든 것

"교수컨택을 해야하는가"의 문제는 모든 지원자들이 안고 있는 고민이다. 아무래도 합격한 선배 합격자들이 교수 컨택의 혜택을 본 경우라면 더욱 그럴 것이다. 본인이 교수컨택의 혜택을 보았다고 생각하는 선배 합격자들은 "무조건 교수컨택을 해야한다"고 대답할 것이기 때문이다. 영어로 이메일을 쓴다는 것이 모든 지원자에게 쉬운 일이 아닌 까닭에 많은 지원자들이 교수컨택 문제 때문에 고민하고 힘들어한다.

"교수컨택은 필수일까?"

결론부터 말하면 그렇지 않다. 그 이유는 교수컨택을 한다고 해서 교수들과 커뮤니케이션을 할 수 있는 것이 아니기 때문이다. 상황을 좀 더 쉽게 이해하려면 미국 교수들의 입장이 되어보면 안다. <u>아침 일찍 출근한 미국 교수들이 제일 먼저하는 일은 컴퓨터를 켜고 메일함을 열어보는 일이다.</u> 메일함을 여는 순간 그 곳에서 적게는 수 십 통, 많게는 수 백 통의 메일이 그들을 기다리고 있다.

이것은 명문대 교수들일수록 더 심하다. 그럴 수밖에 없는 것이 학회나 관련단체로 시작해서 가르치는 학생 그리고 대학원에서 지도를 받고 싶은 지원자까지, 좋은 학교 교수들과 컨택하려는 사람들은 그 수를 헤아리기 어려울 정도로 많기 때문이다. 물론 이런 점 때문에 미국 명문대 교수를 하는 맛이 나는 것이기 때문이겠지만, 이런 분들에게 먼 한국의 한 지원자가 보내는 메일은 그야말로 무시해도 그만인 스팸 수준의 컨택이 될 가능성이 높다.

따라서 혹여라도 컨택 메일을 보냈는데 답장이 오지 않는다고 좌절하지 말기를 바란다. 쉽게 말해 답장이 오지 않는 것이 정상이라는 것이다. 오히려 답장이 올 경우 그것을 예외적인 상황으로 생각하고 소중하게 생각해야 하는 것이 맞다. 동시에 답장이 여러 교수에게서 온다고 해서 너무 흥분할 필요도 없다. 왜냐하면 어떤 메일이든 답장을 잘 해주는 교수도 적지 않게 존재하기 때문이다. 따라서 처음 보낸 컨택 메일에 대한 답장이 온다고 해서 무언가 대단한 일이 일어나고 있는 것은 아니다. 중요한 것은 그 다음 과정이다.

어쨌든 상황이 이렇기 때문에 교수컨택 메일은 필수적으로 보내야 하는 것은 아니다. 보낸 컨택메일에 대한 답장을 하나도 받지 못했지만 TOP 5 수준에 합격한 지원자도 적지 않기 때문이다. 메일을 보내야만 합격시켜주는 것이 아닌 까닭이다. 더 중요한 점은 미국 대학원 컨택메일이 합격하기 위해 보내는 것이 아니라는데 있다. 교수에게 학문적인 자문을 구하기 위한 것이 기본이며, 대학원에 지원의향을 밝힐 경우에도 학문적 방향에 대한 고민을 나누고 싶다는 것이 이야기의 골자가 되어야 한다. 컨택=합격이라는 생각을 전제로 메일을 보내서는 안 된다는 뜻이다.

"그렇다면 언제 컨택메일을 보내는 것이 좋을까?"

지원이 임박해서 보내는 것은 피해야 한다. 의도가 너무 뻔하기 때문이다. 지원이 임박했다는 것은 지원을 하게 될 여름이 지났을 경우이다. 지원을 12월에 할 예정인데 10월에 컨택메일을 보낸다면 아무래도 교수들이 귀찮아할 가능성이 크다. 의도가 순수하지 못하다고 생각할 가능성이 있는 것이다.

물론 꼭 컨택메일이 필요한 경우에는 시점이 다소 늦어도 보내야 한다. 메일을 보내야 할 분명한 이유가 있고, 교수가 답변을 해주어야 할 상황이라면 과감하게 보내야 한다. 여기서 말하는 조심해야 하는 상황은 딱히 메일을 보내야 할 이유도 없는데 그냥 메일을 보내서 "지원하려고 하는데 몇 명이나 뽑을 예정인가요?" 혹은 "합격하면 재정지원은 받을 수 있는가요?" 등의 질문을 하는 것이다. 질문 자체는 무례한 것이 아니지만 아무런 친분관계가 없는 상황에서 이와 같은 질문들로 인간관계를 시작하는 방식은 분명 당혹스러울 수 있다.

만약 자연스럽게 교수들과 인간관계를 만들고 싶다면 처음 컨택메일을 보내는 시점은 해당 지원년도의 봄이 가장 좋다. 그 정도 시점이라면 지원까지 시간도 충분하고 해당 교수의 반응에 따라 지원전략도 수정할 수 있다는 장점이 있다. 게다가 그 정도 시점부터 교수와 친분을 쌓아 논다면 지원을 하게 될 시점에는 이미 남이 아니기 때문에 합격에 긍정적인 영향을 줄 여지도 충분하다.

"괜히 컨택했다가 마이너스 요인
이 발생할 수도 있지 않을까?"

　틀린 말은 아니다. 주로 공학계열 지원자들 보다는 인문사회 지원자들에게 생길 수 있는 문제이다. 인문사회 지원자들의 경우에는 영어 능력을 매우 민감하게 평가하는 경향이 있는데 영어 수준이 낮은 컨택메일은 합격에 최악의 영향을 줄 수 있다. 엉망인 영어로 편지를 썼다면 미국교수에게 아무런 답변이 오지 않는 것이 이상할 것이 없다. 오히려 해당 교수가 자신의 이름을 잊어 주기를 기원하는 것이 좋을 것이다. 혹시라도 기억하고 있다면, 그리고 지원자가 박사과정에 지원하는 것이어서 합격을 위해서는 지도교수의 최종 선택이 필요하다면 합격은 이미 어렵다고 봐야 한다. 따라서 자신의 영어능력에 어느 정도의 확신이 없다면 메일을 보내는 것에 조금 신중하게 접근하라고 조언하고 싶은 것도 사실이다.

　만약 컨택메일을 보내기로 결정했다면 아래에 소개하는 샘플 컨택메일을 참고하자.

▶ 최초 컨택 [ applicant → professor ]

Dear Professor,

    I'm _____, an educational researcher working for the ****** Institute in Seoul, Korea. I'm presently working as an evaluator and consultant assessing a variety of national teacher training institutes. My primary research topics lie in the immigrant children and young North Korean defectors that increasingly have trouble adapting to the formal education in South Korea. My research interest is also concerned with the institutional and family factors that may lead to positive academic engagement of minority students. While conducting my research, I have benefited greatly from your academic work. I would like to express my deepest gratitude to you.

    After recognizing the lack of studies on the topic in Korea and realizing my academic passion for it, I became determined to apply for the Ph.D. program at UPenn. As the de-

> 자신에 대한 소개를 확실하고 자세하게 해야 한다. 누군지도 모르는 사람이 보낸 메일에 정성스러운 답변을 해줄 사람은 없다. 자신의 리서치 분야와 교수에게 컨택메일을 보낸 이유를 상세하게 적는다.

partment policy requires, all applicants need to contact a prospective advisor and obtain permission to apply. Considering my academic interests and research topics, I hope to conduct my doctoral research under your academic guidance.

> 해당교수의 연구분야에 진심으로 관심이 있고, 따라서 지원의향이 있음을 밝힌다.

As a well-experienced researcher working for a government-sponsored institute, I feel confident in conducting both quantitative (survey, meta-analysis, statistical analysis) and qualitative(discourse analysis, case study, interview) research. I received my master's degree from ****** and studied collaborative learning and learning transfer with Dr. ****** at the department of educational studies. I am really looking forward to hearing from you and joining the program.

> 자신의 연구능력을 최대한 자연스럽게 어필하고 이것이 지원하려는 프로그램에서 학위를 받는데 결정적인 역할을 수행할 수 있음을 알려준다. 동시에 계속 컨택을 이어가고 싶다는 의사를 공손히 밝힌다.

Best wishes,

―――――――

다음은 해당 교수에게서 온 답변이다. 이와 같이 교수로부터 구체적인 질문이 이어진다면 일단은 긍정적인 신호이다. 이 샘플의 경우에는 교수의 연구분야에 대한 코멘트를 하라는 내용을 담고 있다. 사실상 지원자가 합격할 자격이 있는지 테스트하려는 의도이다.

▶ 교수로부터 온 답변 메일 [ professor → applicant ]

Dear _____,

Thank you for your interest in studying with me. Would you please briefly describe how you decided to return to Korea for work after earning your master's degree?

Given our common interests in collaborative learning, you might be interested in reading my recent articles about dynamic social and cognitive processes in collaborative small-group discussions (see attachment). I look forward to your comments and feedback. Please note that these articles are currently under review. It is a courtesy not to distribute the papers.

Looking forward to hearing from you.
Best,
_____

▶ 교수 답변 메일에 대한 지원자의 응답 메일 [ applicant → professor ]

Dear Professor,

    I was glad you have reached me with an interest in my research plan. Furthermore, it was good of you to let me read your manuscripts.

    While preparing for applying to a doctoral program, my thesis advisor was not sure if he could continue to help my doctoral research and see the completion of my dissertation, for he had only a few years left until retirement. On top of that, I felt an emerging need to have some more first-hand research experience on education policy before embarking upon a doctoral program. Looking back, working for a government-sponsored research institute enabled me to develop an academic capability for approaching and coping with sensitive education issues such as educating ethnic and/or language minority

> 답장을 보내준 것에 대한 감사의 말과 더불어 질문에 대한 답변의사를 밝힌다.

> 이 경우에는 교수의 요구사항이 두 가지였음으로 첫 번째 질문에 대한 상세한 답변을 먼저 하였다.

students.

As requested, I carefully read your articles: ****** and ******. Especially, the latter was interesting where it concerns how the concepts and approach of the former can be effectively implemented in classrooms. In both articles, the influences of peer relationship (in terms of friendship, social status and cognitive status) and teachers' scaffoldings on students' relational thinking in a small group context are dealt with and suggested as a key approach. Given that easy-to-handle tasks tend not to maximize the potential of collaborative learning, the Collaborative Reasoning task seems to better help small groups cope with complex and open-ended questions (e.g. Cohen) and further discussions.

이어지는 두 단락에서는 자신의 논문을 리뷰해보라는 교수의 요구에 답변하였다.

Especially intriguing was the coding schemes you developed to track students' learning progress. The qualitative analyses developed by utilizing various methods such as Statistical Discourse Analysis and Dynamic Discourse Analysis, too, drew my attention. Your research provides an intensive inquiry and answers to the Social Interactions and Instructional Moves and encompasses meaningful consequences.

Compared with these two, your approach to coding scheme and analysis for the Relational Thinking appears to reflect a more general view. In hindsight, providing more detailed and firm definitions for terms like 'logical,' 'causal,' 'analogical,' and 'hypothetical' would have been more helpful for understanding your articles. I would rather try a categorization of levels of developmental stages revealed in the relational thinking by using terms such as 'Perception/Recognition,' 'Drawing Relations,' and 'Manipulations/ Hypothesis Generation.' In further helping young students follow up some of the group manners, a one-day teacher workshop, as Gillies argues, may serve for facilitating better discussion.

The most inspiring part of your article ********** seems to belong to the suggestive results on relatively quiet students. Con-

이어지는 내용에서는 교수의 연구를 평가하면서 자신의 리서치 경험을 토대로 자신의 연구가 교수의 연구와 상당한 관계가 있음을 암시하였다. 즉, 자연스레 합격을 유도하고 있는 것이다.

sidering the majority of Asian students joining ESLs tend to less actively participate in class activities, teachers may encourage their relational thinking by promoting their "status" as science and math experts, for they usually show better academic performances in those subjects.

When to give the support they need also seems to be important. When a dominator misleads the group or all the members face seemingly insurmountable challenges by reaching what VanLehn calls an 'impasse,' it may be the moment when a teacher's scaffolding works most effectively. Taking into account that the relational thinking occurs more frequently over time, the next article may possibly address whether individuals belonging to the referred groups are able to conduct further knowledge transfer even when they no longer belong to the experimental groups.

Please contact me if you have any further questions. I wish you a merry Christmas and a happy new year.

Best regards,

_____

> 더 질문할 것이 있으면 해도 좋다는 자신감있는 태도로 메일을 마친다. 감사와 안녕의 말도 담아 보낸다.

---

마치며…

이와 같은 방식으로 메일이 계속 이어질 수만 있다면 합격확률은 굉장히 많이 올라가게 된다. 단, 욕심은 내지말자. 본인이 준비가 되어 있지도 않은데 컨택메일을 보내면 앞서 밝힌 것처럼 부작용이 날 수 있다. 또 컨택에 성공해서 해당 교수와 계속 메일을 주고받는 사이가 되더라도 깊은 학문적 교류가 이어지지 않는다면 합격에 크게 도움이 되지 않을 수 있다. 미국 교수들은 생각 이상으로 차가운 사람들이어서 아무리 오래 따스한 교감을 했다고 해도 자신에게 도움이 되지 않을 것 같은 지원자는 과감하게 떨어뜨리는 경향이 있다. 컨택메일 그 자체보다 중요한 것은 지원자 자신의 준비와 실력이라는 점을 기억해야 한다.

## 국립중앙도서관 출판예정도서목록(CIP)

미국 대학원 합격전략과 SOP 샘플집
*(The Best Strategies for Writing a Compelling Statement of Purpose for International Students)*

저자: *Finnguil Williams Admissions Consulting & Research Institute.*

— 서울 : 책과 거울, 2017
　p. 364 ; 152 mm * 225 mm

SOP는 "Statement of Purpose"의 약어임
권말부록: 우수한 레주메 작성법 등
ISBN 979-11-961010-3-9 : ₩17,800
미국 유학[美國留學]

377.8-KDC6
378.194-DDC23　　　　　　　　CIP 2020042348

이 도서의 국립중앙도서관 출판예정도서목록(CIP)은 서지정보유통지원시스템 홈페이지(http://seoji.nl.go.kr)와 국가자료공동목록시스템(http://www.nl.go.kr/kolisnet)에서 이용하실 수 있습니다.(CIP제어번호: CIP2020042348)